Ab 8. Schuljahr

Holger Cebulla

Umgang mit Massenmedien

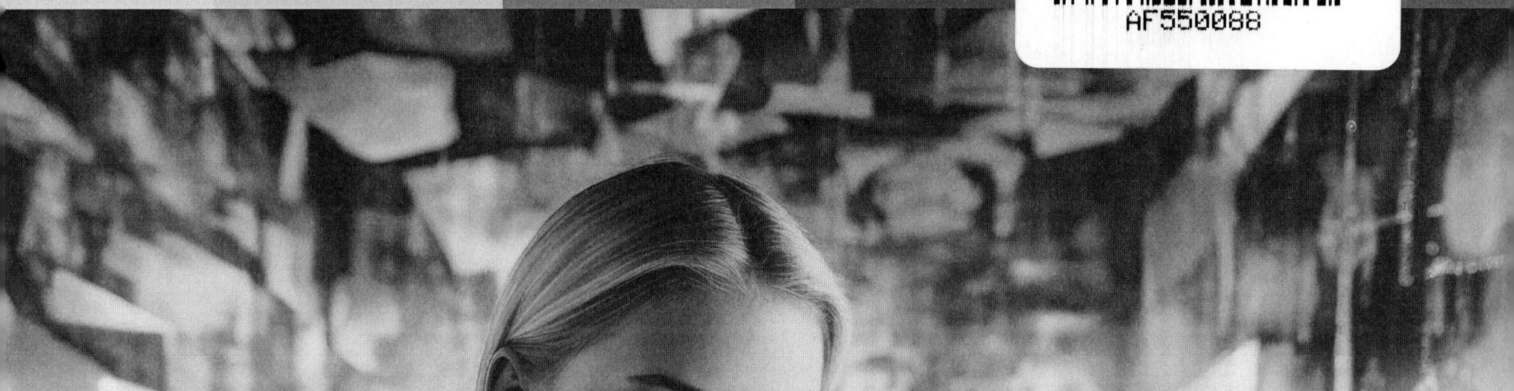

Aufbau, Bedeutung, Funktion und Nutzung von Massenmedien

www.kohlverlag.de

Umgang mit Massenmedien

Aufbau, Bedeutung, Funktion und Nutzung

1. Auflage 2023

Inhalt: Holger Cebulla
Coverbild: © Blue Planet Studio - AdobeStock.com
Redaktion: Kohl-Verlag
Grafik & Satz: Kohl-Verlag
Druck: farbo prepress GmbH, Köln

Bestell-Nr. 13 046

ISBN: 978-3-98841-085-6

Bildquellen ©AdobeStock.com:

S. 4: wladimir1804, The Best Stocker; **S. 6:** Lazy_Baer; **S. 8:** Good Studio; **S. 12:** Sergey Nivens; **S. 14:** deagreez; **S. 18:** Pixel-Shot, deagreez; **S. 19:** Generative AI; **S. 20:** naum; **S. 25:** Feng Yu; **S. 28:** BullRun; **S. 31:** Aquir; **S. 35/36:** Feng Yu; **S. 37:** Anastasiia

Inhalt

Seite

Vorwort

Liebe Kolleginnen und Kollegen,

der Umgang mit Massenmedien ist heute für Jugendliche selbstverständlich, laut einer Umfrage der Postbank von 2019 verbringen sie im Durchschnitt 58 Stunden pro Woche im Netz, vor allem mit dem Smartphone. In Zeiten der Pandemie waren es sogar bis zu 70 Stunden. Neben dem Chatten und Surfen beziehen sie so auch primär ihre Informationen über Politik, Wirtschaft sowie Kultur und Soziales.

Massenmedien vermitteln aber nicht nur Wissen über diese Bereiche, sondern haben auch Einfluss auf unser Denken, unsere Gefühle, Bedürfnisse und Einstellungen. Sie prägen darüber hinaus Normen und Werte einer Gesellschaft und beeinflussen das eigene Handeln in bestimmten Situationen und somit auch die Persönlichkeit. Die wenigsten reflektieren allerdings darüber, in welcher Form sie selbst durch Medien geprägt werden. Den Umgang mit Massenmedien kritisch zu hinterfragen und das eigene Medienverhalten „auf den Prüfstand" zu stellen, ist Anliegen dieses Skripts. Die ersten Kapitel vermitteln eine Einteilung der Massenmedien, erläutern ihre Bedeutung für eine demokratische Gesellschaftsordnung, in der Pressefreiheit gilt, und setzen sich kritisch damit auseinander, wie unabhängig sie sind. Anhand welcher Kriterien der Wahrheitsgehalt von Informationen in den Medien überprüft werden kann und inwieweit Medien ihre Nutzer beeinflussen oder sogar manipulieren, ist Inhalt der folgenden Kapitel. Zum Schluss erfolgt eine Gegenüberstellung von Nachrichten in Social Media zu denen traditioneller Medien, mit dem Ziel, das eigene Medienverhalten anhand des vermittelten Wissens selbstkritisch zu hinterfragen.

Ein Schwerpunkt bei den Aufgabenstellungen liegt in der praktischen Umsetzung des Gelernten, beispielsweise Posts und Zeitungsartikel auf ihren Wahrheitsgehalt hin zu überprüfen, mögliche Manipulationen in diesen zu erkennen und welche Gefühle sie bei den Nutzern freisetzen können.

Möglichst umfassend Wissen über Massenmedien und deren Einfluss auf die eigene Meinungsbildung zu vermitteln ist Ziel dieses Skripts.

Viel Erfolg beim Durcharbeiten wünscht Ihnen der Kohl-Verlag und

Holger Cebulla

Umgang mit Massenmedien
Aufbau, Bedeutung, Funktion und Nutzung – Best.-Nr. 13 046

1 Was unter Massenmedien zu verstehen ist

Massenmedien wie Presse, Radio und Fernsehen sowie das Internet und Social Web sind Kommunikationsmittel, über die Informationen zu einem großen Publikum, nämlich der breiten Masse, gelangen. Ihre Aufgabe besteht darin, möglichst viele wichtige (und richtige) Informationen an möglichst viele Menschen zu übermitteln. Dies geschieht, indem sie über alle Bereiche der Gesellschaft, insbesondere Politik, Wirtschaft sowie Kultur und Soziales so vollständig, sachlich und verständlich wie möglich informieren. So tragen sie zur Wissensvermittlung und Meinungsbildung der Bevölkerung bei, dienen aber auch vielfach nur zu deren Unterhaltung, Zerstreuung und Ablenkung.

Eine wichtige Funktion der Massenmedien ist ferner, in Form von Hintergrundberichten und Kommentaren über das aktuelle politische Geschehen zu informieren. Sie decken dabei auch Missstände im Verhalten von Politikern, Behörden, Wirtschaftsunternehmen oder Prominenten auf, kritisieren diese und stoßen so eine Debatte darüber an, wie diese zu beheben sind.

Massenmedien können in Printmedien, d. h. Zeitungen und Zeitschriften, Auditive und Audiovisuelle Medien, d. h. Rundfunk- und Fernsehen, sowie das Internet unterteilt werden. Bis zur Entstehung des Internets war die Kommunikation zwischen den Massenmedien und ihren Nutzern eine einseitige, denn diese konnten deren Informationen nur empfangen, nicht aber darauf antworten. Sie waren auch davon abhängig, welche Informationen ihnen Zeitungen, Rundfunk und Fernsehen zusandten. Es gab also ein einseitiges Sender-Empfänger-Prinzip. Durch das Internet ist es nun möglich, dass deren Nutzer auch selbst Nachrichten ins Netz stellen bzw. dortige kommentieren, es gibt also ein zweiseitiges Sender-Empfänger-Prinzip, eine direkte Kommunikation, wobei allerdings die Beteiligten durch Raum und Zeit voneinander getrennt sind. Voraussetzung hierfür ist natürlich, dass elektronische Medien wie PCs, Tablets oder Smartphones bei den Nutzern vorhanden sind.

Aufgabe 1: *Erläutere stichwortartig, welche Funktion Massenmedien für die Bevölkerung in Deutschland haben.*

____

____

____

____

1 Was unter Massenmedien zu verstehen ist

Aufgabe 2: *Welche der folgenden Aussagen sind richtig, welche falsch? Korrigiere dann die falschen Aussagen.*

1. Die Aufgabe von Massenmedien besteht darin, so viele Informationen wie möglich an möglichst viele Menschen zu übermitteln.

___

2. Massenmedien ermöglichen es der Bevölkerung, sich neues Wissen anzueignen und sich eine Meinung, beispielsweise über das politische Geschehen, zu bilden.

___

3. Massenmedien können dazu beitragen, Minderheiten in der Gesellschaft, z. B. Asylanten, besser zu verstehen.

___

4. Massenmedien haben eine sogenannte Wachhund Funktion innerhalb der Gesellschaft, indem sie Mächtige kontrollieren und ggf. politische oder wirtschaftliche Skandale aufdecken.

___

5. Massenmedien können in Printmedien, Auditive Medien und das Internet unterteilt werden.

___

6. Das Internet zeichnet sich durch ein zweiseitiges Sender Empfänger Prinzip aus.

___

7. Durch Social Media ist es heute möglich, sich an politischen Diskussionen direkt zu beteiligen.

___

8. Vor allem das Internet berichtet kritisch über die Hintergründe politischer Entscheidungen.

___

Aufgabe 3: *Nenne mindestens drei Vorteile, die dir das Internet bei der Übermittlung von Nachrichten im Vergleich mit denen von Zeitungen, Radio und Fernsehen bietet.*

___

___

___

Aufgabe 4: *Massenmedien decken auch Missstände im Verhalten von Politikern auf. Nenne Beispiele für solche Skandale, die Medien in letzter Zeit aufdeckten.*

___

___

___

Umgang mit Massenmedien
Aufbau, Bedeutung, Funktion und Nutzung – Best.-Nr. 13 046

2 Die Unterteilung von Massenmedien

Massenmedien werden in Printmedien, Auditive und Audiovisuelle Medien und das Internet unterteilt.

Printmedien

Unter Printmedien werden alle auf Papier gedruckten Medien verstanden. Sie werden auch als Druckmedien oder Druckerzeugnisse bezeichnet. Zeitungen befassen sich im Gegensatz zu Zeitschriften mit dem aktuellen Tagesgeschehen und erscheinen in der Regel täglich. In sogenannten Nachrichtenmagazinen, wie „Spiegel“, „Focus“, die „Zeit“, die einmal wöchentlich erscheinen, werden vor allem politische Ereignisse zusammenfassend behandelt und ausführlich kommentiert. z. B. die Ursachen für den Ukraine Krieg und dessen Auswirkungen auf die deutsche Wirtschaft. In Zeitschriften findet man Artikel, Beiträge oder Interviews zu speziellen Themen, z. B. Mode, Sport, Gesundheit, Wohnen. Hier findest du auch viele Bilder zu diesen Themen. Sie erscheinen wöchentlich bzw. monatlich.

Viele Printmedien sind heutzutage auch Online vertreten, d. h. man kann sie – gegen Bezahlung bzw. mit Werbeanzeigen – auch auf dem Tablet bzw. Smartphone lesen. Häufig werden auch zusätzliche Artikel ins Netz gestellt, um so stets aktuell zu sein.

Auditive und Audiovisuelle Medien

Auditive Medien sind Kommunikationsmittel, über die Inhalte mit dem Gehör aufgenommen werden. Der Rundfunk beispielsweise bietet durch die Mischung aus Musik, Nachrichten, Diskussionen und Liveübertragungen viel Abwechslung und hat sich vor allem während der Autofahrt als beliebtes Massenmedium bewährt. Im Gegensatz zu den Printmedien kann er sehr schnell auf neue Ereignisse reagieren und ist somit aktueller.

Unter audiovisuellen Medien (= AV-Medien) versteht man Kommunikationsmittel, welche ihre Inhalte durch Ton und Bild vermitteln, also Ohren und Augen gleichzeitig ansprechen, z. B. das Fernsehen. Diese Medien haben den Vorteil, dass ihre Informationen durch die sprachliche und bildliche Darstellung auf die Empfänger i. d. R. interessanter und beeindruckender wirken. So haben sie auch einen höheren Unterhaltungswert.

Internet

Das Internet wird heutzutage von fast allen Menschen genutzt. Hier findet man eine riesige Fülle an Informationen, leicht und jederzeit zugänglich, immer wieder aktualisiert, auch Beiträge von Printmedien bzw. AV-Medien gibt es im Netz. Eine Kommunikation mit anderen ist schnell und unmittelbar möglich. Allerdings birgt das Netz die Gefahr, dass unwahre, nicht überprüfte Nachrichten eingestellt werden, als Fake News bezeichnet. Professionelle Journalisten überprüfen, bevor sie ein Geschehen veröffentlichen, wie glaubwürdig und wichtig dieses ist, welches gesicherte Wissen darüber zur Verfügung steht und welche relevanten Personen Aufklärung und Stellung dazu beziehen. Werden allerdings Nachrichten, Bilder und Videos von „Laien“ gepostet, geht es um diese Fragen i. d. R. wenig, sondern primär darum, wie viele Klicks das Gesendete von den Nutzern bekommt. Als Nutzer solltest du dir dessen bewusst sein und im Zweifelsfall genau nachsehen, wer einen Artikel oder ein Video gepostet hat.

2 Die Unterteilung von Massenmedien

Aufgabe 1: *Erkläre den Unterschied zwischen Zeitungen und Zeitschriften.*

____

____

____

____

Aufgabe 2: *Welche Vorteile haben AV-Medien gegenüber auditiven, welche Nachteile?*

____

____

____

____

Aufgabe 3: *Fülle die Lücken im Text mit den richtigen Begriffen aus.*

Unterhaltung – Gehör – einmal – aktueller – Prominente - Ereignisse – Bilder – Printmedien – jeder – täglich – Rundfunk – spezielle – Gegensatz – Internet – abwechslungsreiches – bezahlt – posten – Fake News – unmittelbar

Zeitungen und Zeitschriften werden als ____________ bezeichnet. Zeitungen befassen sich mit dem aktuellen Tagesgeschehen und erscheinen in der Regel ____________, Zeitschriften behandeln ____________ Themen, z. B. Mode, Sport, Gesundheit, Wohnen. Klatsch und Tratsch über ____________. Sie erscheinen ____________ in der Woche oder pro Monat. Sie werden auf hochwertigem Papier gedruckt und beinhalten auch viele ____________. Unter AV-Medien, d. h. ____________ und Fernsehen, werden Kommunikationsmittel verstanden, deren Inhalte mit dem ____________ bzw. den Augen aufgenommen werden. Sie bieten ein breites, ____________ Spektrum an Informationen, vor allem dienen sie auch der ____________. Im Gegensatz zu den Printmedien können sie sehr schnell auf neue ____________ reagieren und sind somit ____________. Print und AV-Medien müssen von den Nutzern ____________ werden. Im ____________ findet man eine unendliche Fülle an Informationen, ohne dafür bezahlen zu müssen. Viele Printmedien ____________ hier auch Nachrichten, allerdings dann meist gegen Bezahlung. Im ____________ zu Print- und AV-Medien kann hier ____________ Nachrichten, Videos etc. verbreiten, und eine Kommunikation mit anderen ist schnell und ____________ möglich. Allerdings besteht die Gefahr, dass im Netz ____________ verbreitet werden.

Aufgabe 4: *Was versteht man unter Fake News und wodurch unterscheiden sich diese von Nachrichten, die von Journalisten ins Netz gestellt werden?*

____

____

____

____

KOHL VERLAG Umgang mit Massenmedien Aufbau, Bedeutung, Funktion und Nutzung – Best.-Nr. 13 046

3 Die Bedeutung der Massenmedien für eine demokratische Gesellschaftsordnung

Massenmedien leisten einen entscheidenden Beitrag, damit eine Demokratie funktioniert. Sie wählen nämlich die politischen und gesellschaftlichen Themen aus, welche aktuell von Bedeutung sind. Für Politiker und Akteure aus Wirtschaft, Kultur und Wissenschaft sind Massenmedien das Mittel, um ihre Meinungen und Argumente den Bürgerinnen und Bürgern kundzutun und zu erläutern. Medien vermitteln also der Bevölkerung Wissen für eine eigene Meinungsbildung, artikulieren aber auch die Meinungen der Öffentlichkeit, z. B. durch Meinungsumfragen oder deren Beiträge in den Sozialen Netzwerken. So kommt es zu einem Austausch zwischen den Entscheidungsträgern in der Gesellschaft und seinen Bürger/innen, die so am politischen Prozess teilnehmen (= Politische Partizipation).

Die „traditionellen Medien“, d. h. Zeitungen, Radio und Fernsehen, überprüfen den Wahrheitsgehalt einer Meldung vor deren Veröffentlichung, recherchieren das dafür notwendige Hintergrundwissen und bereiten es verständlich für alle auf, was als Investigativer (= nachforschender und aufdeckender) Journalismus bezeichnet wird. Für Informationen im Netz gilt das häufig nicht, denn hier stehen ja vielfach nicht professionelle Journalisten hinter den Meldungen, sondern „Laien“ posten diese. So entstehen immer wieder Fake News.

Eine weitere Funktion der Medien ist es Werte, Normen und Verhaltensweisen den Bürgerinnen und Bürgern zu vermitteln, die als allgemeingültig und „richtig“ betrachtet werden sollten, beispielsweise Flüchtlinge aus der Ukraine in Deutschland aufzunehmen und zu unterstützen. Sie tragen also zur Integration verschiedener Gruppen in der Gesellschaft bei und können soziale Vorurteile und Diskriminierungen gegenüber Minderheiten abschwächen. Vgl. beispielsweise den Satz von Angela Merkel „Wir schaffen das!“ zur Flüchtlingskrise 2015.

Medien haben vor allem auch eine Kritik- und Kontrollfunktion gegenüber den Machtträgern in einer Demokratie. Sie bieten einerseits den Oppositionsparteien und anderen Interessengruppen, z. B. Whistleblowern, ein Forum, um ihre Kritik an Entscheidungen der Regierung und gesellschaftlichen Zuständen kundzutun. Andererseits decken sie selbst durch investigative Recherchen Verfehlungen der Machträger auf und kommentieren diese, vgl. z. B. den Rücktritt der RBB-Intendantin Schlesinger nach Vorwürfen der Vorteilnahme und Untreue. Solche Veröffentlichungen erzeugen Druck bei den Kritisierten, sich für ihr Fehlverhalten zu entschuldigen, dieses zukünftig zu vermeiden oder von ihrer Position zurückzutreten. Die Angst vor derartigen Meldungen führt bei Politikern auch dazu, sich korrekt zu verhalten.

Schließlich kommt Medien auch noch eine Frühwarnfunktion für problematische Entwicklungen zu, z. B. berichteten sie als erste über Klimaveränderungen und die Erderwärmung. So kann von der Politik gegengesteuert werden, wobei Medien dann auch immer wieder infrage stellen, ob die eingeleiteten Maßnahmen wirklich das Problem beseitigen bzw. verhindern, so gerät es nicht in Vergessenheit.

3 Die Bedeutung der Massenmedien für eine demokratische Gesellschaftsordnung

Aufgabe 1: **a)** *Damit eine demokratische Gesellschaftsordnung funktionieren kann, braucht es Massenmedien. Warum ist das der Fall?*

b) *Welche Funktion haben Massenmedien für die Regierung und die Opposition?*

c) *Massenmedien ermöglichen einen Meinungsaustausch zwischen ihren Nutzern und Politikern. In welcher Art und Weise findet dieser statt?*

d) *Worin besteht der Unterschied zwischen Meldungen, die in einer Zeitung stehen oder im Radio gesendet werden, zu denen in Sozialen Netzwerken?*

Aufgabe 2: *Was versteht man unter Investigativem Journalismus? Welche Bedeutung hat dieser für eine Demokratie?*

3 Die Bedeutung der Massenmedien für eine demokratische Gesellschaftsordnung

Aufgabe 3: *Fülle die Lücken im Text mit den richtigen Begriffen aus.*

> *Fehlverhalten – Regierung – investigative – Wirtschaftsunternehmen – Experten – persönliche – Oppositionsparteien – Mainstream – Abgaswerte – selbst – nachforschenden – zurückzutreten – gesetzlich – Social Media – Angst – Machtträger – entschuldigen – korrekt*

Medien kritisieren in einer Demokratie politische Entscheidungen der ____________, der Manager von ____________ und anderen Institutionen. Sie tun das, indem sie Beiträge der ____________ veröffentlichen, Whistleblowern ein Forum bieten, auf ____________ staatlicher Stellen hinzuweisen, und Wissenschaftler und ____________, die nicht die ____________ Meinung vertreten, zu Wort kommen lassen. Zeitungen, Radio und Fernsehen kritisieren aber auch ____________ die Regierung und Entscheidungen von Wirtschaftsunternehmen durch ____________ Recherchen. Darunter versteht man einen ____________ und aufdeckenden Journalismus durch Profis. So wurde beispielsweise aufgedeckt, wie Automobilhersteller ____________ von Automotoren manipulierten, um so die ____________ vorgeschriebenen Emissionswerte (scheinbar) zu erreichen. Auch ____________ Verfehlungen im Verhalten der ____________ werden benannt und kommentiert. So sehen sich diese genötigt, sich für ihr Fehlverhalten zu ____________, dieses zukünftig zu vermeiden oder von ihrer Position ____________. Die ____________ vor derartigen Meldungen führt auch dazu, sich ____________ zu verhalten. Auch Posts von Politikern in ____________ werden von den Medien veröffentlicht, kommentiert und kritisiert.

Aufgabe 4: *Erläutere stichwortartig, was unter einem Whistleblower zu verstehen ist.*

____

____

____

____

____

____

____

____

____

____

____

3 Die Bedeutung der Massenmedien für eine demokratische Gesellschaftsordnung

Aufgabe 5: *Erläutere stichwortartig, was man unter Fake News versteht.*

____

____

____

____

____

____

____

____

Aufgabe 6: *Verbinde die richtigen Satzanfänge mit den richtigen Satzenden und bringe die vollständigen Sätze dann in die richtige Reihenfolge.*

Satzanfang	○	○	Satzende
Politische Ereignisse haben vielfach sehr komplexe Hintergründe,	○	○	in der Gesellschaft hinweisen.
Medien können auch soziale Vorurteile und Diskriminierungen	○	○	gegenüber Minderheiten abschwächen.
Medien vermitteln auch Normen und Verhaltensweisen den Bürgerinnen und Bürgern,	○	○	die verschiedenen Positionen einzelner Gruppen erläutern.
Medien sollten früh auf problematische Entwicklungen	○	○	die abseits der Öffentlichkeit in speziellen Gremien stattfinden.
Medien können diese Hintergründe und	○	○	abgebremst bzw. gestoppt werden.
So erweitert sich das Wissen und der Erfahrungshorizont	○	○	aufzunehmen und zu versuchen, sie zu integrieren.
Medien eröffnen der Bevölkerung also Möglichkeiten der	○	○	die als allgemeingültig betrachtet werden sollten.
Durch solche Hinweise können negative Entwicklungen	○	○	Kontrolle und Kritik wichtiger Ereignisse, da sie diese hinterfragen.
Ein Beispiel hierfür ist, Flüchtlinge und Asylsuchende in der Bundesrepublik	○	○	der Bürgerinnen und Bürger in einer Demokratie.

4 Pressefreiheit in einer Demokratie

Im Grundgesetz steht: „Die Pressefreiheit und die Freiheit der Berichterstattung durch Rundfunk und Film werden gewährleistet. Eine Zensur findet nicht statt." Staatliche Organe dürfen daher keinen Einfluss darauf ausüben, was Medien berichten. Anders verhält es sich in diktatorischen bzw. autoritären Staaten, vgl. z. B. Russland und China. Hier entscheidet die Regierung, welche Berichte die Medien veröffentlichen dürfen und welche nicht. So wird die Bevölkerung einerseits nur mit den Informationen versorgt, die die Regierung als in ihrem Sinne „richtig" erachtet, andererseits versucht die Regierung so auch, die Zustimmung der Bürgerinnen und Bürger zu ihrem Handeln zu bekommen. Ein Beispiel aus jüngster Zeit ist der Krieg, den Putin in der Ukraine begann. Russische Medien sprechen nicht von einem Krieg, sondern einer „Spezialoperation" der Streitkräfte und begründen diese damit, dass es um eine „Entnazifizierung" der Ukraine ginge. Da die russische Bevölkerung durch die Zensur der Medien wenig Möglichkeiten hat, diese Begründungen zu hinterfragen, glauben viele, dass es so sei. Einzig die Social Media, die die Regierung allerdings auch zu unterdrücken versucht, senden unzensierte Nachrichten, die im Untergrund operierende Opposition stellt diese u. a. ins Netz.

Massenmedien in einer Demokratie werden auch als sogenannte „Vierte Gewalt" bezeichnet. Durch ihre Berichterstattung kontrollieren und kritisieren sie nämlich die drei Gewalten Legislative, Exekutive und Judikative. Sie kritisieren Entscheidungen von Politikern, geben der Opposition die Möglichkeit, ihre Alternativen zu präsentieren und decken Missstände im Verhalten von Politikern auf. Dies gilt natürlich auch für Manager in der Wirtschaft und anderen Institutionen.

Pressefreiheit bedeutet auch, dass Journalisten nicht in ihrer Arbeit durch Chefredakteure, Herausgeber, Verleger oder Eigentümer des Mediums, für das sie arbeiten, inhaltliche oder politischen Beschränkungen auferlegt bekommen dürfen.

Pressefreiheit findet ihre Grenzen allerdings dort, wo veröffentlichte Informationen gegen die freiheitlich demokratische Grundordnung bzw. die Menschenrechte verstoßen. Beispiele hierzu sind die Verherrlichung des Nationalsozialismus, das Leugnen des Holocausts, Diskriminierungen von Minderheiten wie z. B. Asylanten. Zu nennen sind auch Hass- und Hetzkampanien und üble Verleumdungen. In solchen Fällen kann gegen diejenigen, die für die Veröffentlichung verantwortlich sind, gerichtlich Klage erhoben werden, diese zu unterlassen. Die Gerichte können auch Strafgelder oder Gefängnisstrafen verhängen. Derartige Äußerungen finden sich heute vielfach in den Social Media. Da meist nicht zurückverfolgt werden kann, wer diese ins Netz stellte, ist eine Strafverfolgung schwer zu erreichen. So wird versucht, die Social Media selbst durch entsprechende Gesetze dazu zu veranlassen, derartige Äußerungen zu löschen.

4 Pressefreiheit in einer Demokratie

Aufgabe 1: **a)** *Im Grundgesetz steht, dass staatliche Organe keinen Einfluss darauf nehmen dürfen, was Massenmedien berichten. Nenne möglichst aktuelle Beispiele, die verdeutlichen, dass dieser Grundsatz auch gilt, wenn z. B. die amtierende Regierung kritisiert wird.*

b) *Trotz der Medienfreiheit kann es aber Aussagen von diesen geben, gegen die in Form einer Klage vorgegangen wird. Nenne dafür Beispiele.*

Aufgabe 2: **a)** *Was wollen Regierungen in autoritären bzw. diktatorischen Staaten erreichen, wenn sie Medien vorschreiben, was sie der Bevölkerung mitteilen dürfen und was nicht?*

b) *Welche Aufgabe kommt den Social Media in solchen Staaten zu?*

KOHL VERLAG Umgang mit Massenmedien Aufbau, Bedeutung, Funktion und Nutzung – Best.-Nr. 13 046

4 Pressefreiheit in einer Demokratie

Aufgabe 3: *Ergänze die folgenden Aussagen.*

1. Die Freiheit der Massenmedien, unzensiert Nachrichten verbreiten zu dürfen, findet man ______________________
2. Dort steht, dass staatliche Organe keinen Einfluss darauf ausüben dürfen, was ______________________
3. In autoritären bzw. diktatorischen Staaten gibt es nur unzensierte Nachrichten in den ______________________
4. Massenmedien in einer Demokratie werden auch als ______________________ bezeichnet.
5. Durch ihre unabhängige Berichterstattung kontrollieren und kritisieren sie nämlich die anderen drei Gewalten, d. h. ______________________
6. Pressefreiheit findet ihre Grenzen allerdings dort, wo veröffentlichte Informationen gegen die ______________________
7. Das gilt auch für üble Verleumdungen und ______________________
8. Gegen die Verantwortlichen solcher Nachrichten kann gerichtlich ______________________
9. Die Gerichte können die Verantwortlichen zur ______________________
10. Verfassungswidrige Berichte und Hasskampagnen in den Social Media können strafrechtlich schwer verfolgt werden, da meist nicht zurückverfolgt werden kann, wer ______________________
11. Durch entsprechende Gesetze sollen die Social Media veranlasst werden, von sich aus ______________________

Aufgabe 4: *Die Pressefreiheit trägt zur Beteiligung der Bürgerinnen und Bürger an politischen Prozessen in einer Demokratie bei. Erläutere, in welcher Weise das geschieht.*

____

____

____

____

____

____

5 Unabhängigkeit der Massenmedien

Wie eben geschildert, bedeutet Pressefreiheit, dass staatliche Stellen keine Zensur darauf ausüben dürfen, was Massenmedien veröffentlichen. Allerdings ist damit nicht die Frage geklärt, wie unabhängig Medien sind, d. h. ob andere Institutionen oder Personen Einfluss auf ihre Berichterstattung nehmen. Ein wesentlicher Einflussfaktor ist dabei, wie die Medien sich finanzieren, denn wer ihnen das Geld gibt, kann dieses auch wieder entziehen, wenn ihm die Berichterstattung nicht passt.

Zuerst muss zwischen öffentlich-rechtlichen Rundfunk- und Fernsehanstalten und privaten Medien unterschieden werden. Die öffentlich-rechtlichen Rundfunk- und Fernsehanstalten sind gemeinnützige Einrichtungen des öffentlichen Rechts, daher müssen sie keine Gewinne erzielen, sondern nur kostendeckend arbeiten. Sie finanzieren sich aus Gebühren, die jeder Haushalt zahlen muss, egal, ob er diese Medien nutzt oder nicht. Laut Grundgesetz obliegt ihnen der Auftrag, eine sogenannte Grundversorgung der Bevölkerung mit Informationen zu gewährleisten. Das bedeutet, den Bürgerinnen und Bürgern eine umfassende, inhaltlich vielfältige und ausgewogene Berichterstattung über gesellschaftlich relevante Ereignisse zu vermitteln. Für die Programmgestaltung sind der Rundfunkrat und der Intendant verantwortlich. Dem Rundfunkrat obliegt vor allem die Aufgabe zu überwachen, dass die Grundversorgung im eben genannten Sinn eingehalten wird. Er hat allerdings keinen direkten Einfluss auf die Programmgestaltung, sondern lediglich eine Veto-Möglichkeit. Verantwortlich für die Programmgestaltung ist der Intendant einer Rundfunkanstalt, er leitet diese. Die ihm unterstellten Redakteure und Reporter nehmen ihre Aufgaben eigenverantwortlich wahr. Der Intendant wird vom Rundfunkrat gewählt und kann von diesem auch wieder entlassen werden. Der Rundfunkrat ist ein Gremium, welches sich aus Vertretern aller Bereiche des öffentlichen Lebens zusammensetzt. In ihm finden sich z. B. Abgeordnete der Parteien, Vertreter von Arbeitnehmern, Unternehmern, Religionsgemeinschaften, Hochschulen, Frauenverbänden etc.

Private Medien haben i. d. R. das Ziel, Gewinne zu erzielen. Sie finanzieren sich aus unterschiedlichen Quellen. Printmedien haben als Einnahmequelle den Verkaufspreis und Einnahmen aus Werbeanzeigen. Zeitungsverlage sind auch im Internet aktiv und unterhalten dort eigene Portale. Diese Portale finanzieren sich überwiegend aus Werbeeinnahmen bzw. Gebühren, um sie anschauen zu können. Private Radio- und Fernsehsender erzielen ihren Umsatz hauptsächlich aus Werbeeinnahmen oder Verkauf von Abonnements (= Pay-TV). Dabei wird ein monatlicher Betrag entweder im Abonnement oder pro Sendung von den Nutzern verlangt. Das Programm wird verschlüsselt übertragen und ist ausschließlich mit einem entsprechenden Receiver zu empfangen. Vor allem aktuelle Sportübertragungen werden so genutzt.

Private Medien werden auch von Stiftungen oder Vereinigungen, wie z. B. Gewerkschaften finanziert. Von diesen werden ihnen dann meistens bestimmte Themenbereiche vorgegeben. Ein Beispiel hierfür ist die Bill & Melinda Gates Stiftung. Sie hat mit dem Nachrichtenmagazin Spiegel eine Kooperation geschlossen, über Migration, Klimawandel und soziale Ungleichheiten auf der Welt spezielle Artikel zu verfassen. Die Zeitung von Verdi (= Vereinte Dienstleistungsgewerkschaft) informiert ihre Mitglieder z. B. über Tarifverhandlungen, Konflikte in Betrieben, aber auch Einstellungen von Verdi zu politischen Themen.

Weil es über das Internet leichter geworden ist, Menschen um Spenden zu bitten, gibt es eine wachsende Zahl von Medien, die sich primär über freiwillige Spenden finanzieren. Beispiele hierfür sind Fridays for Future, Fußball Fangruppen, Bibel-TV. Spenden werden diesen Medien auch aus politischen Motiven gegeben, vgl. beispielsweise die Anti Corona Impfbewegung. Spenden werden natürlich von den Nutzern nur dann gegeben, wenn diese Medien auch ihre Ansichten und Meinungen vertreten.

Umgang mit Massenmedien
Aufbau, Bedeutung, Funktion und Nutzung – Best.-Nr. 13 046

5 Unabhängigkeit der Massenmedien

Private Medien sind also davon abhängig, wie gut sie sich verkaufen, wie hoch die Einschaltquoten sind und natürlich die Werbeeinnahmen. So werden sie versuchen, die Informationen an die Bürgerinnen und Bürger zu bringen, die bei diesen ankommen und sie unterhalten, die Qualität der Nachrichten steht so nicht unbedingt im Vordergrund. Anders ist es bei Medien wie den Nachrichtenmagazinen Spiegel oder Focus. Sie betreiben einen investigativen Journalismus, haben einen guten Ruf bei ihren Lesern und werden so immer wieder gekauft. Medien mit speziellen Themen, z. B. Modemagazine, Sportzeitschriften sind darauf angewiesen, ihre Leser immer wieder neu zu begeistern und gut zu unterhalten, nur dann werden sie auch gekauft.

Wie weitrechend der Einfluss der Geldgeber auf die Berichterstattung der privaten Medien geht, ob z. B. Werbetreibende damit drohen, keine Werbung mehr zu schalten, sollten negative oder unerwünschte Berichterstattungen über sie oder ihre Produkte erfolgen, oder ob nur eine indirekte Abhängigkeit besteht, d. h. Journalisten von sich aus bestimmte Themen nicht veröffentlichen, ist für ein einzelnes Medium schwer zu ermitteln.

Bei durch Spenden finanzierten Medien haben die Spender keinen direkten Einfluss auf die Berichterstattung, aber sollte diese den Spendern nicht mehr gefallen, werden Spenden ausbleiben oder zurückgehen, also ist auch hier - zumindest indirekt - ein Einfluss gegeben. Bestimmte Gruppen in der Bevölkerung können sich so allerdings mehr Gehör verschaffen und ihre Ansichten verbreiten. Auch kann über solche Blogs ein mögliches Fehlverhalten der Entscheidungsträger in einer Gesellschaft aufgezeigt werden, vgl. die Plattform Wikileaks.

Die Finanzierung durch Stiftungen oder Vereinigungen bedeutet i. d. R., dass diese darüber wachen, ähnlich dem Rundfunkrat, dass ihre Themen bzw. Vorgaben auch von den Journalisten eingehalten werden und die Berichterstattung eine bestimmte Tendenz hat.

Aufgabe 1: *Nenne jeweils 5 Beispiele für*

a) öffentlich-rechtlichen Rundfunk und Fernsehsender

b) Private Fernsehsender

c) Medien von Stiftungen bzw. Vereinigungen

d) Medien, die sich durch Spenden finanzieren.

5 Unabhängigkeit der Massenmedien

Aufgabe 2: *Erkläre, was unter einer Grundversorgung bei Informationen zu verstehen ist.*

____

____

____

____

Aufgabe 3: *Im Rundfunkrat gibt es u. a. auch Vertreter von Religionsgemeinschaften und Frauenverbänden. Warum wurden diese in den Rundfunkrat berufen?*

____

____

____

____

Aufgabe 4: *Erkläre den Unterschied, wie sich öffentlich-rechtliche und private Fernsehsender finanzieren.*

____

____

____

____

Aufgabe 5: *Entscheide, welche der folgenden Aussagen richtig und welche falsch sind. Korrigiere dann die falschen Aussagen.*

1. Private Massenmedien finanzieren sich aus Werbeeinnahmen.
2. Die öffentlich-rechtlichen Rundfunk- und Fernsehanstalten hingegen finanzieren sich über den Rundfunkbeitrag, den man zahlen muss, wenn man ein Fernsehgerät hat.
3. Printmedien sind auch im Internet aktiv und stellen dort Nachrichten ein.
4. Will man diese Nachrichten nutzen, muss dafür eine Gebühr bezahlt werden.
5. Werden Medien von Stiftungen finanziert, geben diese ihnen i. d. R. bestimmte Themenbereiche vor.
6. Werden Medien über freiwillige Spenden finanziert, sind sie in ihrer Berichterstattung völlig unabhängig.
7. Die Kontrollfunktion privater Massenmedien ist durch die Abhängigkeit von Werbeeinnahmen kritisch zu betrachten in Hinblick auf wirklich unabhängige Berichterstattung.
8. Werden in diesen Medien nämlich Themen angesprochen, die den Werbekunden nicht genehm sind, können diese mit dem Entzug von Aufträgen drohen.
9. Bei privaten Fernsehsendern ist die Einschaltquote dafür entscheidend, welche Programme gesendet werden, denn diese bestimmt letztlich den Preis, der für ein Abonnement gezahlt werden muss.
10. Die öffentlich-rechtlichen Sendeanstalten müssen nicht auf Einschaltquoten achten und können so eine Berichterstattung gewährleisten, die umfassend und ausgewogen ist.

Umgang mit Massenmedien
Aufbau, Bedeutung, Funktion und Nutzung – Best.-Nr. 13 046

5 Unabhängigkeit der Massenmedien

Aufgabe 6: *Gesucht werden 12 Begriffe. In den hervorgehobenen Kästchen ergibt sich in der richtigen Reihenfolge das Lösungswort.*

1. Private Medien finanzieren sich größtenteils aus ...?
2. Werden in Medien z. B. Verfehlungen von Politikern aufgezeigt, bezeichnet man einen solchen Journalismus als ...?
3. Öffentlich-rechtliche Medien sind in ihrer Berichterstattung sehr ...?
4. Der Intendant einer Rundfunkanstalt gestaltet deren ...?
5. Bei privaten Radio- und Fernsehsendern steht meist im Vordergrund, ihre Nutzer gut zu ...?
6. Erscheint in einer Zeitung eine negative Meldung über einen Werbekunden, besteht die Gefahr, dass dieser der Zeitung seine Werbeaufträge ...?
7. Durch Spenden finanzierte Medien sind von ihren Spendern nicht ...?
8. Durch Stiftungen finanzierte Medien haben von vornherein bestimmte ...?
9. Betreiben Printmedien einen aufklärenden Journalismus und genießen daher einen guten Ruf bei ihren Lesern, werden sie von diesen immer wieder ...?
10. Modemagazine, Sportzeitschriften etc. werden nur dann von ihren Lesern beständig gekauft, wenn sie es schaffen, diese immer wieder mit ihren Beiträgen zu ...?
11. Es gibt also bei Medien unterschiedliche ...?
12. Entscheidend für guten Journalismus ist, wie Medien mit ihren jeweiligen Abhängigkeiten ...?

Lösungswort:

1	2	3	4	5	6	7	8	9	10	11	12

5 Unabhängigkeit der Massenmedien

Aufgabe 7: *Ergänze die folgenden Aussagen:*

Öffentlich-rechtliche Medien sind in ihrer Berichterstattung

____

Für investigative Printmedien trifft das ______________________

Private Radio- und Fernsehsender orientieren sich bei ihrer Berichterstattung auch daran, über ihre Werbekunden ______________________

Durch Spenden finanzierte Medien senden das, was die Konsumenten hören wollen, sind aber von denen ______________________

Durch Stiftungen und Vereinigungen finanzierte Medien haben von vornherein durch diese ______________________

Wesentlich ist, wie die einzelnen Medien umgehen mit ihren

____

Umgang mit Massenmedien
Aufbau, Bedeutung, Funktion und Nutzung – Best.-Nr. 13 046

6 Wahrheit und Richtigkeit der Aussagen in Massenmedien

Pressefreiheit bedeutet einerseits, dass die Regierung nicht zensiert, was in den Medien steht, andererseits aber auch, dass gesendete Informationen kritisch zu hinterfragen sind, vor allem, ob diese wahr sind, d. h. abgesichert und glaubwürdig, oder es sich nur um Behauptungen handelt, wie es häufig bei den Social Media der Fall ist. Sollte es sich bei Nachrichten um Gerüchte handeln, unbestätigte Meldungen oder durch die Umstände nicht nachprüfbare Informationen, z. B. Nachrichten aus den Kriegsgebieten der Ukraine, so sollten diese als solche gekennzeichnet sein.

Vor allem sollte auch immer hinterfragt werden, wer die Nachrichten eingestellt hat. Handelt es sich um professionelle Journalisten z. B. von Zeitungen oder „Laien"? Professionelle Journalisten stellen sich nämlich u. a. folgende Fragen, bevor sie etwas veröffentlichen: Wie wichtig ist das Ereignis? Welches gesicherte Wissen steht darüber zur Verfügung? Können relevante Personen Aufklärung leisten und Stellung beziehen? Reichen die Informationen aus, um eine Nachricht zu verbreiten? Wie lässt sich die Nachricht mit Text und passendem Bildmaterial gestalten? Werden allerdings Informationen, Bilder und Videos von „Laien" gepostet, geht es um diese Fragen selten, sondern nur darum, wie viele Klicks bzw. „Gefällt mir" das Gesendete von den Nutzern bekommt. Ob die dort eingestellten Aussagen wahr sind oder nicht, bleibt oft dem Urteil der Nutzer überlassen.

Daher solltest du Nachrichten generell immer unter folgenden Gesichtspunkten auf ihren Wahrheitsgehalt hin überprüfen:

- Werden Sachverhalt genau, präzise und konkret beschrieben, werden aus diesen logisch nachvollziehbare Schlussfolgerungen gezogen, ist die Sprache dabei möglichst emotionsfrei.
- Werden die Quellen der Nachrichten genannt, z. B. Politiker XY sagte auf der Pressekonferenz folgendes, das Robert Koch-Institut gab die neuesten Corona Fallzahlen bekannt, der Einsatzleiter der Feuerwehr informierte über die Brandursache.
- Haben Journalisten die Informationen selbst recherchiert oder haben sie sich nur Infos aus dem Netz beschafft, ohne diese kritisch zu hinterfragen. Ein Kriterium für selbst recherchierte Nachrichten ist u. a., dass die Journalisten mit ihrem Namen den Artikel unterzeichnen.
- Welchen Ruf haben die Medien, die die Nachrichten verbreiten. Öffentlich-rechtliche Medien sind laut Grundgesetz (vgl. das vorherige Kapitel) zu einer wahrheitsgemäßen und umfassenden Berichterstattung verpflichtet. Das Nachrichtenmagazin Spiegel z. B. versucht, wenn irgend möglich, vor Veröffentlichung einer Nachricht sich diese aus zwei unabhängig voneinander stammenden Quellen bestätigen zu lassen.

6 Wahrheit und Richtigkeit der Aussagen in Massenmedien

Aufgabe 1: **a)** *Welche Kriterien solltest du anlegen, um Aussagen in Medien zu hinterfragen?*

____

____

____

b) *Es gibt typische Fehlschlüsse, denen wir gerne auf den Leim gehen. Da ist einmal der Beliebtheitsfehlschluss, d. h., weil viele Menschen die gleiche Meinung haben, gilt etwas als wahr. Zum zweiten gibt es den Traditionsfehlschluss, weil es etwas nämlich schon lange gibt, gilt es als richtig oder wahr. Schließlich ist noch der Fehlschluss der vorschnellen Verallgemeinerung zu nennen: Aus einem Einzelfall wird auf eine Gesamtsituation geschlossen. Mit derartigen Fehlschlüssen arbeiten auch vielfach Nachrichten im Netz. Führe jeweils Beispiele für diese drei Arten der Fehlschlüsse an.*

____

____

____

____

____

____

Aufgabe 2: *Welche der folgenden Aussagen glaubst du, sind objektiv begründet, welche nicht und warum? Mache dir Stichworte.*

a) Ausländer begehen häufiger Straftaten als Deutsche.

b) Jugendliche benutzen viermal häufiger ihr Smartphone als Erwachsene, so zeigen es Umfragen.

c) Niemand benötigt eine staatliche Zulassung, um als Journalist tätig zu werden, eine Zeitung herauszugeben oder einen Blog zu gründen und zu betreiben.

d) Große Medienkonzerne werden immer dominanter. So wird die Vielfalt von unterschiedlichen und ausgewogenen Informationen eingeschränkt.

e) Schulen sollten vom Staat mehr Geld zur Anschaffung von Lüftern für die Klassenzimmer bekommen, um so die Ausbreitung von Corona zu verhindern.

f) In vielen Klassen ist die Anzahl der Schüler so hoch, dass der Lernstoff diesen nur unzureichend vermittelt werden kann.

Aufgabe 3: *Da angeblich immer mehr unwahre und unrichtige Nachrichten verbreitet werden, vor allem in den Social Media, soll vom Bundestag ein Gesetz verabschiedet werden, in dem steht, dass Nachrichten vor ihrer Veröffentlichung vom Bundespresseamt auf ihren Wahrheitsgehalt kontrolliert werden. Wäre ein solches Gesetz möglich? Welche Folgen hätte das für die Bürger/innen Deutschlands?*

____

____

____

In welcher Form eine Nachricht die Nutzer beeinflussen bzw. manipulieren kann

Nachrichten müssen bei den Lesern ankommen, damit (private) Medien gekauft bzw. abonniert werden, die angestellten Journalisten bezahlt werden können und auch noch Gewinn gemacht wird. Daher geht es um möglichst hohe Auflagen bzw. einen großen Verbreitungsgrad. So stellt sich die Frage, wie die Medien dieses Ziel zu erreichen versuchen: Regionale Tageszeitung werden beispielsweise deswegen immer wieder von ihren Lesern erworben, weil sie so beständig gut recherchierte und neue Informationen über aktuelle Sachverhalte bekommen, die ihre eigene Meinungsbildung fördern und erweitern. Wird ein Fehlverhalten von Politikern bzw. Wirtschafsmanagern z. B. vom Spiegel oder Focus aufgedeckt, das dann in der Öffentlichkeit diskutiert wird, steigt natürlich die Auflage dieser Nachrichtenmagazine. Davon zu unterscheiden sind Medien, denen es primär um Skandale bzw. Sensationsmeldungen über Prominente geht. Werden solche Informationen spannend erzählt, haben die Nutzer das Gefühl, Promis sind auch nur (fehlbare) Menschen, was das eigene Selbstbewusstsein aufwertet und auch noch Unterhaltungswert hat, so schaffen sich diese Medien einen eigenen Leserkreis. Früher war für derartigen Sensationsjournalismus primär die Bild-Zeitung zuständig, heute findet man diesen vielfach im Netz. Leser bzw. Zuschauer können aber auch einfach nur das Bedürfnis haben, gut unterhalten zu werden, z. B. im Bereich Mode, Kochen, Sport etc. vgl. hierzu Zeitungen wie die „Bunte", „Frau im Spiegel", der „Feinschmecker" bzw. entsprechende Streaming Dienste. Es gibt allerdings auch Medien, deren Zweck es ist, seine Empfänger letztlich zu beeinflussen oder sogar zu manipulieren, die Meinung des Mediums über die in ihm geschilderten Sachverhalte zu übernehmen. Du solltest dir daher neben der Frage nach dem Wahrheitsgehalt einer Nachricht auch immer vergegenwärtigen, was diese bezwecken will. Folgende Kriterien sind dabei hilfreich:

- Werden bei einem Sachverhalt unterschiedliche, möglicherweise sogar gegenteilige Aspekte bzw. Meinungen zu diesem aufgeführt, erhältst du so die Möglichkeit, dir über den geschilderten Sachverhalt eine eigenständige, differenzierte Meinung zu bilden.
- Wird wirklich ein gravierendes Fehlverhalten von Politikern, Managern oder anderen wichtigen Persönlichkeiten der Gesellschaft aufgedeckt oder geht es nur um Sensationsmache. Meist kannst du schon an der Überschrift der Nachricht bzw. deren Schlagzeile sehen, ob diese seriös oder reißerisch gestaltet ist.
- Geht es dem Medium primär darum, eine eigene Meinung zu verbreiten und diese auch den Nutzern „aufzudrängen", erkennst du das vor allem daran, dass ein Sachverhalt immer wieder genannt wird, während bei anderen, die diesen möglicherweise infrage stellen, gar nicht oder nur am Rande erwähnt wird. Oder ein bestimmter Sachverhalt wird regelmäßig sehr positiv dargestellt, ein anderer stets negativ.

  Bei Finanzierung der Medien durch Stiftungen oder Vereinigungen ist natürlich von vornherein klar, dass es nur um bestimmte Themen geht, also eine indirekte Beeinflussung gegeben ist. Ebenso verhält es sich bei überwiegend durch Spenden finanzierten Medien.
- Bei Posts von Influencern handelt es sich einerseits um deren Selbstdarstellung, andererseits um Unterhaltung der Follower, aber natürlich auch darum, dass die Follower die Meinungen und Ansichten der Influencer gut finden, diese übernehmen und ihnen weiter folgen. So kann eine unbewusste Beeinflussung entstehen. „Nebenbei" werden von diesen auch bestimmte Produkte angepriesen bzw. favorisiert, ohne das deutlich wird, dass sie dafür von den Vertreibern dieser Produkte Geld bekommen. Du solltest beim Betrachten von Influencern dich daher möglichst immer fragen, ob du ihre Meinungen wirklich teilst oder diese inzwischen – unbewusst und unhinterfragt – auch für dich übernommen hast.

7 In welcher Form eine Nachricht die Nutzer beeinflussen bzw. manipulieren kann

- Hilfreich ist es auch, um dir eine eigene, möglichst objektive Meinung über einen Sachverhalt zu bilden, dir zu diesem die Nachrichten aus unterschiedlichen Medien anzusehen und sie unter den o. g. Gesichtspunkten miteinander zu vergleichen.

Seit einigen Jahren vollzieht sich im Bereich der Printmedien und der privaten Hörfunk- und Fernsehsender eine wachsende Konzentration, wenige Medienkonzerne werden immer dominanter. So wird die Vielfalt unterschiedlicher Standpunkte und Meinungen zu Sachverhalten eingeschränkt. Auch hat sich deren Berichterstattung immer mehr kommerzialisiert. Darunter versteht man, dass objektive Informationen über politische und andere öffentliche Ereignisse in den Hintergrund treten, die Unterhaltung des Publikums aber in den Vordergrund, z. B. wird immer häufiger über Prominente und Skandale berichtet. Subjektivität, Einseitigkeit und Oberflächlichkeit bei Berichten sind so die Folgen.

Erwähnt werden muss auch noch, dass (professionelle) Journalisten, decken sie ein Fehlverhalten von Politikern etc. auf, über ein Zeugnisverweigerungsrecht verfügen, das garantiert, dass sie geheim halten dürfen, woher sie ihre Informationen bekamen, wer ihnen diese beispielsweise gab. Ohne dieses Recht könnten Journalisten nur schwer ihrer Kontrollfunktion (vgl. hierzu auch Kapitel 3 und 4) nachkommen, denn wenn deren Informanten fürchten müssten, dass ihre Namen öffentlich genannt werden, würden sie Journalisten wohl lieber nichts mehr anvertrauen.

Aufgabe 1: **a)** *Vergleiche zu einer Nachricht die Darstellung dieser in unterschiedlichen Medien, z. B. der Bild-Zeitung, der Tageszeitung, der „Zeit“, „Focus“ usw. Lege nun die o. g. genannten Kriterien für Wahrheit und Beeinflussung an. In welcher Zeitung wird der Sachverhalt am objektivsten und umfassendsten dargestellt? Notiere deine Überlegungen stichwortartig.*

____

____

____

____

____

____

b) *Vergleiche nun deine Notizen mit denen deiner Klassenkameraden bzw. Freunde. Haben sie ähnliches wie du notiert oder anderes? Diskutiert dann eure Überlegungen.*

____

____

____

____

____

____

7 In welcher Form eine Nachricht die Nutzer beeinflussen bzw. manipulieren kann

Aufgabe 2: *Eine Zeitung berichtet, dass der Bundeswirtschaftsminister sich dafür einsetze, einem Unternehmen aufgrund angeblicher Verluste durch die Corona Pandemie Wirtschaftshilfen zu gewähren. Die Partei, der er angehört, habe daraufhin eine hohe Spende dieses Unternehmens bekommen. Der Wirtschaftsminister bestreitet das und fordert die Zeitung auf, ihre Behauptung durch Nennung ihrer Quellen zu belegen, sonst würde er sie verklagen. Außerdem nimmt er persönlich Stellung zu dem Vorfall und fordert, dass die Zeitung diese veröffentlicht. Muss die Zeitung den Aufforderungen des Ministers nachkommen?*

____

____

____

____

____

Aufgabe 3: *Zeitung A wirft Zeitung B vor, sie habe sehr positiv über eine Firma berichtet, obwohl dieser vorgeworfen wurde, Umweltprobleme verursacht zu haben. Das sei aber auch nicht verwunderlich, denn diese Firma schalte laufend Werbeanzeigen in Zeitung B. Zeitung A meint auch, eine solche Berichterstattung verstoße gegen die Pressefreiheit. Was meinst du, ist diese Behauptung richtig?*

____

____

____

____

____

Aufgabe 4: *Schaue dir die Nachrichten in der Tagesschau und im ZDF an und vergleiche sie dann mit Nachrichten auf RTL, SAT 1 und Pro Sieben. Welche Unterschiede konntest du feststellen?*

____

____

____

____

____

Aufgabe 5: *Was versteht man unter Kommerzialisierung der Medien?*

____

____

____

____

____

7 In welcher Form eine Nachricht die Nutzer beeinflussen bzw. manipulieren kann

Aufgabe 6: *Die beiden aufgeführten Zeitungsmeldungen berichten über den gleichen Sachverhalt. Vergleiche die beiden Meldungen miteinander. Bei welcher hast du das Gefühl, ev. manipuliert zu werden? Begründe deine Meinung dann stichwortartig.*

Zeitung A:

Kanzler sieht kein Land.

Er muss als Kapitän sein Land durch schwerste Unwetter steuern: der Gasmangel, immer höhere Preise, egal ob an der Supermarktkasse oder an der Tankstelle, und Corona lauert mit der Herbstwelle auch noch hinter der nächsten Biegung. Aber Olaf Scholz (SPD) und seine Offiziere Robert Habeck (52, Grüne) und Christian Lindner (43, FDP) können sich nicht auf einen Kurs einigen. Die Schlingerfahrt lässt die Passagiere das Vertrauen verlieren, vgl. die aktuellen Umfragen. Nicht gut, so lassen sich die letzten Kanzlertage zusammenfassen. So schweigt Scholz am Dienstag, als Palästinenser-Chef Abbas im Kanzleramt den Holocaust relativiert. Ein peinlicher Patzer. Bewusst schweigsam gibt sich Scholz am Freitag vor dem Untersuchungsausschuss in Hamburg. Der versucht zu klären, ob er als Bürgermeister der Hansestadt der Warburg-Bank in Steuersachen geholfen hat. Das noble Geldhaus hatte mit miesen Tricks (Cum-ex-Geschäfte) seine Steuerlast kleingeschrumpft, dennoch wollte das Finanzamt der Bank die Rückzahlung von 47 Millionen Euro erlassen. Scholz bestreitet jegliche Einflussnahme, kann (oder will) sich aber an viele Details wie seine Treffen mit dem Warburg-Chef nicht erinnern. Beweise gibt es bislang nicht, nur Zweifel. Doch diese Schatten aus seiner Vergangenheit sind nichts im Vergleich mit den Klippen, die Scholz in den nächsten Monaten umsegeln muss. Deutschland steuert auf einen Gasnotstand zu. Putin dreht Ende August wieder an der Gasschraube, schließt für drei Tage die Pipeline Nord Stream I.

Zeitung B:

Umfragewerte des Kanzlers sinken.

Olaf Scholz verliert an Zustimmung in der Bevölkerung, gegenüber der letzten Befragung sind es -3,5 %. Ausschlaggebend ist sein zögerlicher Kurs, wie die Bürger und Bürgerinnen entlastet werden sollten bei einer durchschnittlichen Inflationsrate von 7,5 % im letzten Monat. Auch die unterschiedlichen Ansichten in der Ampel Koalition, welche Maßnahmen gegen die befürchtete Gasknappheit im Herbst zu ergreifen sind, lassen die Zustimmungswerte für die Regierung sinken. Nur die Grünen legen in den Umfragen leicht zu, was vor allem durch Robert Habecks direkte Art, den Bürger/innen zu kommunizieren, was auf sie im Herbst zukommen könnte, bedingt ist. Dass der Kanzler dem Palästinenserpräsidenten Abbas, der bei einer Pressekonferenz Israel einen Holocaust an den Palästinensern vorwirft, nicht sofort widersprach, sondern erst später mitteilen lässt, er sei über dessen Äußerungen empört, hat ihm viel Kritik eingetragen. Die Befragung von Olaf Scholz vor dem Untersuchungsausschuss in Hamburg zur Cum-Ex-Affäre um die Warburg Bank erbrachte keine Beweise, dass er in diese als damaliger Bürgermeister der Hansestadt verwickelt war. Auf den Kanzler kommen in den nächsten Monaten etliche neue Probleme zu. Neben der Gefahr eines Gasnotstands, sollte Putin weiterhin die Gaszufuhr drosseln, auch die geplanten Maßnahmen zur Bekämpfung von Corona für den Herbst, beides könnte das Wirtschaftswachstum weiter drosseln. Der Kanzler muss also Führungsstärke zeigen.

7 In welcher Form eine Nachricht die Nutzer beeinflussen bzw. manipulieren kann

Aufgabe 7: *Vergleiche die beiden aufgeführten Meldungen aus dem Internet über den Rücktritt der ARD und RBB-Intendantin Schlesinger. Was meinst du, welcher der beiden Beiträge informiert dich objektiver und detaillierter über den Sachverhalt? In welchem Beitrag werden die Vorwürfe gegenüber Schlesinger besser begründet? Welcher Beitrag spricht dich persönlich eher an? Begründe deine Meinung dann stichwortartig.*

Beitrag A:

Patricia Schlesinger tritt von ihren Ämtern zurück.

Patricia Schlesinger tritt auch als Intendantin des Rundfunks Berlin-Brandenburg zurück. Das teilt der RBB am Sonntagabend mit. Schlesinger war am Donnerstagabend bereits vom Vorsitz der ARD zurückgetreten. Ins Rollen geraten war die Debatte um Schlesinger nach mehreren Berichten von „Business Insider". Das Springer-Magazin hatte über ein „System aus gegenseitigen Gefälligkeiten" zwischen der RBB-Intendantin und dem RBB-Verwaltungsratsvorsitzenden Wolf-Dieter Wolf berichtet, der sein Amt derzeit ruhen lässt. Der Intendantin und dem Vorsitzenden des Verwaltungsrats wird Vetternwirtschaft vorgeworfen. In seiner Funktion als Aufsichtsratschef der Messe Berlin habe Wolf Schlesingers Ehemann „lukrative Aufträge" zugespielt, so der Vorwurf. Die Liste der Vorwürfe gegen die Intendantin ist aber noch länger. So geht es etwa um dienstliche Abendessen, die Patricia Schlesinger in ihrer privaten Wohnung veranstaltet haben soll. Und neuerdings steht auch noch ihr Dienstwagen im Zentrum der Kritik, den sie laut „Business Insider" auch nicht nur dienstlich in Anspruch genommen haben soll. In dem Bericht ist die Rede von einem Audi mit Massagesitzen im Wert von 145.000 Euro, der zum sogenannten Regierungspreis angemietet worden sein soll. Demnach soll der Autohersteller ihr einen Nachlass von fast 70 Prozent gewährt haben, was der RBB als „branchenüblichen Firmenrabatt" bezeichnete. Auch soll Intendantin Schlesinger ihrerseits drei Berater für Bauprojekte des Senders engagiert haben, unter anderem für den Bau eines „Digitalen Medienhauses". Diese Berater sollen Geschäftsbeziehungen zum Verwaltungsratsvorsitzenden Wolf unterhalten, der auch Immobilienunternehmer ist. Der Sprecher des Senders, Justus Demmer, hält das nicht für anrüchig. Den Vorwurf der Vetternwirtschaft, das gegenseitige Zuspielen von Beraterverträgen – auf der einen Seite für Wolfs Geschäftspartner, im Gegenzug für Schlesingers Mann – weist der RBB als „Unterstellung in aller Form zurück".

Schließlich die privaten Abendeinladungen bei der Intendantin. Hier sollen Gästelisten des Catering-Dienstes nachträglich gekürzt worden sein. Die Gesamtsummen der Rechnungen sollen aber unverändert geblieben sein. Dazu äußerte sich der RBB auch: „Wir sind öffentlich-rechtlicher Rundfunk. Wenn Sie jemanden zum Essen einladen wollen, müssen sie sagen: Wen haben sie eingeladen, wen wollen sie einladen? Und dann wird danach bei der Abrechnung gesagt: Wen haben Sie eingeladen? Und da wird nichts rumgestrichen. Es sind ja auch alle Gäste anwesend. Also wie soll man da im Nachhinein einzelne Leute rausnehmen?"

All diese Vorwürfe sind Gegenstand einer Compliance-Untersuchung, mit der der RBB eine externe Kanzlei beauftragt hat.

Zornig sind viele Mitarbeiterinnen und Mitarbeiter des Senders auch, weil der Verwaltungsrat unter Führung von Wolf-Dieter Wolf der Intendantin kürzlich eine Erhöhung Ihres Gehalts um 16 Prozent auf 303.000 Euro genehmigt hat. Der Vertreter der freien Mitarbeiter Christoph Reinhardt: „Da fragen wir uns natürlich: Warum wird denn nur bei uns gespart und nicht da, wo man vielleicht noch mehr herausholen könnte?"

Schlesinger wies in einer Pressekonferenz die meisten gegen sie erhobenen Vorwürfe zurück, räumte aber Fehler bei der Kommunikation gegenüber dem Verwaltungsrat ein.

7 In welcher Form eine Nachricht die Nutzer beeinflussen bzw. manipulieren kann

Beitrag B:

Patricia Schlesinger riskiert den Ruf der Öffentlich-Rechtlichen.

Die RBB-Intendantin ist als ARD-Vorsitzende zurückgetreten, gestern auch als RBB-Intendantin. Schlesinger war seit 2016 Intendantin des Rundfunks Berlin-Brandenburg, der vergleichsweise kleinen Rundfunkanstalt, die zum Januar den Vorsitz der ARD übernommen hatte. Der Druck, ihre Posten zu räumen, stieg in den vergangenen Wochen und Tagen, in denen immer breiter werdende Vorwürfe gegen sie bekannt wurden – sie betreffen unter anderem die Vergabe von Beraterverträgen, ein millionenschweres Immobilienprojekt des RBB, die Abrechnung von Abendessen in Schlesingers Privatwohnung, ihren Dienstwagen, ihr Gehalt, und zuletzt auch den Umbau ihrer Intendantinnen Etage im RBB sowie Kosten für das Parkett in ihrem Büro. Details aus dem Büro Schlesingers wurden in regelmäßigem Abstand vom Magazin „Business Insider“ und der Bild-Zeitung veröffentlicht.

Nicht geändert zu haben scheint sich die Meinung der Intendantin, von der Presse falsch behandelt worden zu sein. Zuletzt war angekündigt worden, unter anderem gegen „Business Insider“ vorzugehen. Davon ist sie auf Nachfrage zumindest jetzt nicht klar abgerückt. „Es wird daran gearbeitet, wir sind mitten im Prozess“, erklärt die Intendantin, die sich offenbar weiterhin darüber ärgert, dass aus dem Inneren ihres Hauses Dinge nach extern gegeben wurden. „Wir haben eine Compliance-Beauftragte, eine Revision und ein Justitiariat, wenn man etwas zum Wohle des RBB verändern will, dann kann man sich dahin wenden. Dass man rausgeht, und dann auch noch zur Springer-Presse, fand ich bemerkenswert“, sagt Schlesinger, die dann auch ihre Sichtweise zu konkreten Punkten erklärt. „Über den Auftrag der Messe Berlin an meinen Mann hätte ich wahrscheinlich im RBB reden sollen, auch wenn die Compliance-Verordnung das nicht vorschreibt. Aber: es wurde nichts heimlich vollzogen, mein Mann macht seit Jahren Beratungen und er verfasst Bücher“, so Schlesinger. Der Betrag von 41.000 Euro, den er für eine Beratung bekommen habe, liege seit einigen Tagen auf einem Treuhandkonto. „Weil auch mein Mann sagt: Das muss sauber sein.“ Über die derzeit gestoppten Pläne zum Bau des neuen Digitalen Medienhauses des RBB soll im August 2023, also erst in über einem Jahr eine endgültige Entscheidung fallen. „Wir machen hier kein Harakiri, wir schauen im nächsten Jahr, ob wir uns den Bau angesichts steigender Preise leisten können.“ Gerechnet wird damit, dass das Bauvorhaben etwa 125 Millionen Euro kosten wird. Der Verwaltungsrat hat genehmigt, einen entsprechenden Kredit aufzunehmen. Immerhin: Über die Erhöhung ihres Gehaltes auf 303.000 Euro wolle sie mit der Verwaltungsratsvorsitzenden Dorette König nochmals sprechen. Schlesinger: Das Vertrauen ist „auch bei mir erschüttert“.

Aufgabe 8: *Eine Influencerin zeigt ihren Zuschauern ihr neues Outfit, und weist darauf hin, wo sie dieses kaufte. Muss sie deutlich machen, dass es sich hierbei um Werbung handelt und sie wahrscheinlich dafür auch vom Hersteller der Kleidung Geld bekam?*

____

____

____

____

____

____

KOHL VERLAG Umgang mit Massenmedien Aufbau, Bedeutung, Funktion und Nutzung – Best.-Nr. 13 046

7 In welcher Form eine Nachricht die Nutzer beeinflussen bzw. manipulieren kann

Aufgabe 9: **a)** *Im Netz werden Nachrichten und Werbung häufig miteinander verbunden, sodass nicht mehr klar erkannt werden kann, was was ist. Warum tun die Medien das und welche Folgen hat es für den Nutzer?*

b) *In einer Zeitung werden die Produkte einer Firma sehr positiv dargestellt und es wird angeführt, wo man diese bestellen kann. Erst nach einigem Nachdenken kommst du darauf, dass es sich bei der Berichterstattung nicht um einen Artikel der Zeitung handelt, sondern eine Anzeige der Firma. Ist eine solche Art der Werbung in der Zeitung erlaubt?*

8 Gegenüberstellung von Nachrichten in Social Media zu denen traditioneller Medien

Laut Umfragen beziehen sehr viele Jugendliche ihre Informationen über Politik, Wirtschaft sowie Kultur und Soziales in erster Linie aus den Social Media. Welche Vor- und Nachteile sich ergeben, sind Social Media die bevorzugte Informationsquelle, ist Thema dieses Kapitels. Zuerst muss unterschieden werden, wer Informationen in den Social Media sendet: Politiker, Influencer, Laien oder bestimmte Gruppierungen, z. B. Fridays for Future, Fußball Fangruppen, Corona Impfgegner. Diese Gruppen haben nämlich unterschiedliche Gründe und Ziele, warum sie etwas posten.

Politiker:
Stellen Politiker/innen Informationen in die Social Media, geschieht das häufig spontan, aus einem Gefühl heraus, sie zeigen so ihre momentane Meinung zu bestimmten Ereignissen, aber auch Rechtfertigungen für ein bestimmtes Handeln. Der Nutzer hat so das Gefühl, quasi dem Politiker bzw. der Politikerin über die Schulter zu schauen. So werden die Nutzer für deren Ansichten empfänglicher und überlegen rational weniger, ob sie diese auch selbst befürworten können. Nutzer können so schließlich auch zu „Fans" eines Politikers bzw. einer Politikerin werden, ähnlich wie bei einem Schlagerstar „himmeln" sie ihn oder sie dann an. Und natürlich werden sie dann auch diesen Politiker/in bzw. seine Partei wählen. Teilweise posten Politiker/innen nicht selbst, sondern haben dafür Medienprofis, die das in ihrem Namen tun. Es besteht die Gefahr, dass die Nutzer schließlich den Politikern alles glauben, was diese posten, und auch bereit sind, das zu tun, was diese möchten bzw. ihnen empfehlen, vgl. den Sturm auf das Weiße Haus in Washington, angestachelt von Donald Trump. Politiker/innen bekommen so aber auch viele Rückmeldungen durch Posts der Nutzer, wie sie bei denen ankommen.

Laien:
Durch Social Media entsteht eine direkte Kommunikation der Nutzer untereinander, was das Wissen aller über bestimmte Sachverhalte erweitern kann. Allerdings ist das Niveau vieler Posts sehr fragwürdig. Auch werden Vorurteile verbreitet, z. B. über die angebliche Unfähigkeit der Politiker, über Asylanten und deren Kriminalität etc. Dabei geht es häufig allerdings nur darum, so Frust abzulassen, der im persönlichen Bereich entstanden ist, wobei über die Gründe für diesen Frust nicht reflektiert wurde.

Influencer:
Influencern geht es in erster Linie darum, andere dazu zu veranlassen, ihnen im Netz zu folgen, also ihre Follower oder Freunde zu werden, zu sehen daran, wieviel Klicks der eigene Post erhält bzw. wieviel „Gefällt mir". Sie werden so zu Vorbildern für ihre Follower, die ihr eigenes Verhalten an den Werten, Normen bzw. Ansichten der Influencer ausrichten. Dadurch kann einerseits sinnvolles Verhalten der Follower erreicht werden, andererseits besteht aber wiederum, wie bei Politikern beschrieben, die Gefahr, zu Fans zu werden, sodass dann eher zweitrangig wird, wie wahr, richtig oder abgesichert Ansichten und Information der Influencer sind. Influencer für politische Themen beziehen ihre Infos häufig nur aus dem Netz. Dabei deuten sie diese in ihrem Sinne, lassen Zusammenhänge unter den Tisch fallen, reißen Zitate aus dem Zusammenhang und stellen so scheinbar neue Informationen zusammen, die die „Mainstream Medien" nicht bringen. Ein Beispiel: Der Influencer Rezo führte 2019 in einem Post viele Beispiele auf, dass während der Zeit, wo die CDU die Regierung stellte, es immer wieder wirtschaftliche Probleme gab. Allerdings beschrieb er nicht, welche Fehler die CDU machte, sodass es zu diesen Problemen kam bzw. ob sie diese in irgendeiner Weise überhaupt hätte beeinflussen können. Allerdings stieß er so eine generelle Debatte über den Einfluss von Politik auf die Wirtschaft an, denn Politiker und Wirtschaftsexperten kritisierten seine Aussagen. Die Posts sind häufig auch verallgemeinernd, z. B. wird ein Fall genannt, dass nach einer Corona Impfung eine Schwangerschaft abgebrochen werden musste, woraus geschlossen wird, dass das eine Gefahr bei Corona Impfungen generell sei. Vielfach wird auch nur kritisiert, alternative Vorschläge, wie ein Sachverhalt anders zu händeln wäre, fehlen.

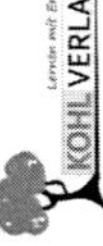

8 Gegenüberstellung von Nachrichten in Social Media zu denen traditioneller Medien

Gruppierungen:
In sozialen Netzwerken gibt es Foren und Blogs, die sich mit Themen beschäftigen, die die traditionellen Medien nicht oder nur selten ansprechen. Über diesen Weg können so neue, alternative Themen ins Bewusstsein der Bevölkerung gelangen. Die Friday for Future Bewegung ist beispielsweise auf diesem Wege entstanden.

In diesen Foren und Blogs werden auch häufig Berichte der traditionellen Medien, d. h. Zeitungen, Rundfunk und Fernsehen infrage gestellt und kritisiert. Die Berichterstattung der „Mainstream-Medien" zu hinterfragen ist an und für sich eine gute Sache, kann aber auch zu ungerechtfertigten Vorurteilen über diese umschlagen. Beispielsweise wird über professionelle Medien behauptet, sie seien alle gleichgeschaltet, weil sie angeblich nicht über einen bestimmten Sachverhalt berichtet hätten. Es werden Vorwürfe ohne konkrete Begründungen geäußert, die in erster Linie von Misstrauen und pauschaler Ablehnung der „Mainstream-Medien" geprägt sind. Denen wird Manipulation und Lüge vorgehalten. Dabei wird dieser Vorwurf nicht wirklich begründet, sondern bleibt allgemein und vage und nennt kaum konkrete Argumente. Gehen diese Vorwürfe noch einen Schritt weiter, wird behauptet, von Politkern oder Wirtschaftsbossen werde ihnen diktiert, was sie zu berichten hätten und wie sie das tun müssten, so werden sie als „Lügenpresse" bezeichnet. Ein Beispiel hierfür sind die „Fake News"-Vorwürfe des Ex-Präsidenten Donald Trump. „Fake News" bedeutete für Trump schlichtweg jede Form der journalistischen Berichterstattung, die ihn und seine Regierung kritisierte – auch wenn die angeführte Kritik auf wahren Fakten beruhte. Durch ständiges Wiederholen des Vorwurfs der Fake News schaffte er es schließlich, dass seine Anhänger nur noch das als wahr ansahen, was er sagte.

So besteht die Gefahr, dass manipulierte, abgeschottete Gruppen in den Social Media entstehen, die nur noch das glauben, was im Forum steht, und so ein verfälschtes Bild der Wirklichkeit haben. So entsteht quasi dort eine Parallelwelt.

Aufgabe 1: *Fülle die Lücken im Text mit den richtigen Begriffen aus.*

jederzeit – Laien – Zeitungen – Klicks – professionellen – nachsehen – Einordnungen – Journalisten – Kommunikation – glaubwürdig – relevanten – gesicherte

Im Internet findet man eine riesige Fülle an Informationen, leicht und ____________ zugänglich, immer wieder aktualisiert. Beiträge von Printmedien, d. h. ____________ und Zeitschriften oder Fernsehnachrichten finden sich hier auch. Eine ____________ mit anderen ist schnell und unmittelbar möglich. Bilder und Videos sind präsent, lange bevor überhaupt Erklärungen und ____________ eines Geschehens von ____________ bzw. Politikern vorgenommen werden können. Eigentlich sollte aber immer überprüft werden, wie ____________ und wichtig ein Geschehen ist, welches ____________ Wissen darüber zur Verfügung steht, wie eine Nachricht bezüglich Text und passendem Bildmaterial zu gestalten ist und welche ____________ Personen Aufklärung und Stellung dazu beziehen. So zu verfahren ist die Aufgabe von ____________ Journalisten. Werden allerdings Nachrichten, Bilder und Videos von ____________ gepostet, geht es um diese Fragen i. d. R. vorrangig nicht, sondern nur darum, wie viele ____________ das Gesendete von den Nutzern bekommt. Als Nutzer solltest du dir dessen bewusst sein und im Zweifelsfall genau ____________, wer hinter einem Artikel oder einem Video steht.

8 Gegenüberstellung von Nachrichten in Social Media zu denen traditioneller Medien

Aufgabe 2: *Welche der folgenden Aussagen sind richtig, welche falsch? Begründe deine Meinung auch.*

a) Nachrichten, die man im Netz sehen kann, sind meist übersichtlich gegliedert.

b) Der Wahrheitsgehalt von Nachrichten im Netz ist immer zu überprüfen.

c) Nur wenn Politiker oder andere wichtige Personen zu einer Nachricht Stellung beziehen, ist sie als wichtig einzustufen.

d) Influencer in den Social Media stellen vielfach Bilder und Videos von aktuellen Ereignissen ein, so kann man davon ausgehen, dass diese Ereignisse wahr sind.

e) Als Nutzer von Nachrichten im Netz sollte man sich immer fragen, wer hinter den Nachrichten steht.

f) Foren und Blogs in sozialen Netzwerken erweitern das Wissen ihrer Nutzer, da sie sich auch mit Themen beschäftigen, die die traditionellen Medien nicht ansprechen.

Aufgabe 3: **a)** *In den Social Media findest du häufig Beiträge, die Politiker bzw. andere Personen des öffentlichen Lebens beschimpfen, diskriminieren und sie so ungerechtfertigt in Verruf bringen. Begründungen dafür gibt es kaum. Was meinst du sind die Motive derjenigen, die solche Kommentare ins Netz stellen?*

____

____

____

____

____

b) *Schaue dir unter diesen Gesichtspunkten Berichte im Netz an, notiere dir Beispiele, besprich sie dann mit Freunden bzw. Klassenkameraden.*

____

____

____

____

____

Aufgabe 4: *Kennst du die Begriffe „Lügenpresse“ und „Fake News“? Was wird unter diesen verstanden? Notiere dir Stichworte.*

FAKE NEWS

____

____

____

____

____

____

KOHL VERLAG Umgang mit Massenmedien Aufbau, Bedeutung, Funktion und Nutzung – Best.-Nr. 13 046

8 Gegenüberstellung von Nachrichten in Social Media zu denen traditioneller Medien

Aufgabe 5: *Du findest im Folgenden den Post eines Influencers. Welche der Aussagen meinst du, sind richtig bzw. wahr, welche zweifelst du an? Notiere dir deine Überlegungen stichwortartig und besprich sie dann mit Freunden bzw. Klassenkameraden.*

> Der Gaspreis und Strompreis müssen runter, dann geht auch die Inflation herunter. Das 9 Euro Ticket ist keine Entlastungsmaßname, denn es muss zusätzlich zu steigenden Essens- und Heizkosten von den Steuerzahlern bezahlt werden. Meinetwegen braucht es nicht wiederkommen. Erst öffentliche Verkehrsmittel ausbauen, sodass ländliche Gebiete auch erreicht werden finde ich sinnvoller. Denn das 9 Euro Ticket hat nur die Unzulänglichkeiten der ÖPNV aufgedeckt, an der Situation an sich hat sich nichts verbessert. Denn was hilft mir das Ticket, wenn ich auf dem Land wohne, wo es keine Öffis gibt. Durch dieses Ticket werden Leute noch eher in Armut rutschen und dieses nur erst schleichend merken. Diese staatlichen Gelder erhöhen die Inflation und machen alles teurer und Menschen ärmer. Es gibt nur einen Ausweg: Billige Energieerzeugung. Dafür muss die Ampel Geld ausgeben.

Aufgabe 6: *Im Folgenden sind vier Posts von Politikern angeführt. Welchen Eindruck hinterlassen diese bei dir auf der gefühlsmäßigen Ebene? Notiere dir deine Eindrücke stichwortartig und besprich sie dann mit Freunden bzw. Klassenkameraden.*

> **Post A:**
> Ich bekenne mich gegen Terrorismus und Antisemitismus. Aus bösen Gedanken dürfen keine bösen Taten werden. Deshalb gebe ich ein persönliches Schutzversprechen für jüdisches Leben ab. Wir stehen jederzeit fest an der Seite der jüdischen Gemeinde.
>
> **Post B:**
> Ein weiterer Tropfen auf den heißen Stein ist diese Gaspreisumlage, die die Bürger viel Steuergeld kostet und kein Problem löst. Die Ampel beweist einmal mehr den vollständigen Kontrollverlust in der selbst verursachten Krise.
>
> **Post C:**
> Viele Bürgerinnen und Bürger haben wegen steigender Preise zu Recht Sorgen. Sie können sich darauf verlassen: Wir schaffen weitere Entlastungen und treffen Vorsorge, um die Gasversorgung im Winter zu sichern. Das verspreche ich ihnen auch persönlich.
>
> **Post D:**
> Mein Eindruck ist, dass die Bundesregierung nicht begriffen hat, was sich draußen im Land abspielt. Wir steuern auf eine Energieversorgungskriese zu. In dieser Lage noch daran zu denken, Stromerzeugungskapazitäten stillzulegen, ist völlig absurd.

Aufgabe 7: *Vielfach wird in den Social Media den traditionellen Medien vorgehalten, sie würden nicht, unzureichend oder unwahr über bestimmte Sachverhalte berichten. Was meinst du, anhand welcher Kriterien kannst du erkennen, ob diese Kritik berechtigt ist?*

____

____

____

8 Gegenüberstellung von Nachrichten in Social Media zu denen traditioneller Medien

Aufgabe 8: *Ein Blogger hat folgendes gepostet:*

Die Szene hatte etwas Unheimliches. Hartnäckig leugneten Bundeswirtschaftsminister Robert Habeck und seine Getreuen heute auf der Bundespressekonferenz, dass Deutschland ein Problem mit Strom habe. Friede, Freude, grüner Eierkuchen – zu diesem Schluss konnte man kommen, als der grüne Frauenschwarm eingangs ausführlich schilderte, wie gut die Lage sei. Und dass Deutschland doch sogar Strom exportiere. Die hohen Strompreise, die so viele Menschen überlasten? Über solche Probleme der einfachen Menschen scheint Habeck geradezu zu schweben auf seiner ideologischen Wolke.

Und tatsächlich versuchte der Minister und Vize-Kanzler, gleichzeitig ins Wasser zu gehen und nicht nass zu werden. Die Frage nach einem Weiterbetrieb der Kernkraftwerke beantwortet er faktisch mit einem politischen Hütchenspiel. Damit will er offenbar sowohl seine grüne Anhängerschaft als auch die Pragmatiker halbwegs ruhig halten. Und er versucht auch noch, diese politische Entscheidung als technisch begründet darzustellen.

So soll es nach den Plänen des Vorzeige-Grünen zwar eisern beim Atomausstieg bleiben. Aber zwei von den drei Atommeilern, die dank Angela Merkel zum Jahresende vom Netz gehen – dabei bleibt es – dürfen noch für ein paar Wochen wieder hochgefahren werden, wenn es zu massiven Problemen bei der Stromversorgung kommen sollte. Das ist faktisch nichts anderes als Augenwischerei und ein Versuch, sich zwischen grüner Ideologie und den Zwängen der Realität durchzumogeln. Kein Wunder also, dass der Minister so gequält wirkte.

Man muss alles tun, dass „nicht dann in diesen Monaten noch ein Sicherheitsrisiko durch die Atomkraftwerke entsteht“, sagte der Minister – in völliger Verkennung der Realität. Denn die deutschen Kraftwerke gehören laut TÜV zu den sichersten der Welt. Es bleibt Habecks Rätsel, warum sie ausgerechnet diesen Winter gefährlicher sein sollten als sonst, oder unsicherer als ausländische Atommeiler, die ausfallenden deutschen Atomstrom ersetzen.

Die Rechnung für die Ideologie-Besessenheit dieser formell von der SPD, aber faktisch von den Grünen geführten Bundesregierung werden die Menschen in Deutschland bezahlen. Im besten Fall nur dadurch, dass sie massiv überbezahlen beim Strom. Im schlechtesten Fall droht ihnen ein Blackout mit unvorhersehbaren Folgen. „Ideologie macht blind“, heißt es. Und in der Geschichte hat sie immer wieder ganze Gesellschaften in den Abgrund geführt.

a) *Fasse die wesentlichen Aussagen des Posts mit eigenen Worten kurz zusammen.*

____

____

____

b) *Welche emotionalen Gefühle über Habeck entstehen beim Lesen bei dir? Mit welcher Wortwahl werden diese erzeugt? Führe dafür Beispiele im Text an.*

____

____

____

____

____

9 Das eigene Medienverhalten selbstkritisch hinterfragen

In den bisherigen Kapiteln wurde erörtert, welche Bedeutung Massenmedien für eine demokratische Gesellschaftsordnung haben, wie der Wahrheitsgehalt ihrer Informationen zu überprüfen ist, wie unabhängig sie berichten und auf welche Weise ihre Nachrichten die Nutzer beeinflussen und ihre Meinungen über Politik, Wirtschaft sowie Kultur und Soziales prägen. Massenmedien beeinflussen aber nicht nur das Wissen und die Meinungen der Bevölkerung, sondern haben auch eine Sozialisationsfunktion. Darunter ist zu verstehen, dass Massenmedien Einfluss auf unser Denken, unsere Gefühle, Einstellungen, Wünsche und Bedürfnisse haben. Sie vermitteln dir auch Normen und gesellschaftliche Werte und prägen dein Handeln in bestimmten Situationen und somit auch deine Persönlichkeit. Die Medien bieten dir also Lebenshilfe im weitesten Sinne. Dabei stellt sich allerdings die Frage, ob du dir dessen bewusst bist. Hast du dich schon einmal selbst gefragt, warum du welche Medien nutzt, andere aber nicht? Hast du dich auch gefragt, wie diese Medien – meist unbewusst – dein eigenes Verhalten und deine eigenen Werte und Normen prägen? Hast du darüber schon mal mit deinen Freunden bzw. Klassenkameraden gesprochen?

Die nachfolgenden Aufgaben sollen dir dabei helfen, dein eigenes Medienverhalten zu überprüfen, selbstkritisch einzuschätzen und ggfs. zu ändern.

Aufgabe 1: *Du findest nachstehend Posts aus dem Internet. Es geht in diesen um die Reise des Ex-Bundeskanzlers Gerhard Schröder zu Putin. In den Medien wurde diese Reise allerdings stark kritisiert. Wenn du einmal davon absiehst, ob die Kritik berechtigt ist, welche Werte und Normen werden dir indirekt in den Posts vermittelt, wie man sich in solchen Konfliktfällen verhalten sollte? Wie wird Schröder als Mensch beurteilt?*

Post von Gerhard Schröder:
Der Krieg und das damit verbundene Leid für die Menschen in der Ukraine muss schnellstmöglich beendet werden. Das ist die Verantwortung der russischen Regierung. Viel ist in den vergangenen Jahren über Fehler und Versäumnisse im Verhältnis zwischen dem Westen und Russland gesprochen worden. Und es gab viele Fehler – auf beiden Seiten. Aber auch Sicherheitsinteressen Russlands rechtfertigen nicht den Einsatz militärischer Mittel. Und mit Blick auf die Zukunft gilt, dass jetzt bei notwendigen Sanktionen darauf geachtet wird, die verbliebenen politischen, wirtschaftlichen und zivilgesellschaftlichen Verbindungen, die zwischen Europa und Russland bestehen, nicht gänzlich zu kappen. Denn diese sind – trotz der gegenwärtig dramatischen Lage – die Basis für eine Hoffnung, die wir alle haben: dass ein Dialog über Frieden und Sicherheit auf unserem Kontinent wieder möglich ist.

Post A:
Alles Heuchler, die hier jetzt so Friedensbekundungen von sich geben haben ihre Glaubwürdigkeit und Menschsein schon lange verloren. Als 10 Millionen Menschen in Afghanistan, Irak, Syrien und Palästina ihr Leben gaben und geben für Interessen anderer. Bleiben Sie bitte mit Worten und Taten an Russland dran Herr Schröder. Es ist das Versagen der europäischen Politik und der westlichen Dekadenz gegenüber der restlichen Welt was dazu geführt hat, dass heute solche Kriege vom Zaun brechen. Wirtschaftlich hat man die chinesische Regierung und Macht immer belächelt und heute steht diese Großmacht hinter Russland. Die Engländer haben nie nein gesagt als die russischen Oligarchen ihr Schwarzgeld bei Ihnen gebunkert und gewaschen haben. Als der Putin den europäischen Ländern die Hand gereicht hat, wollte niemand sie annehmen und heute, wo wir vor einer unlösbaren Situation stehen, will keiner die Fehler der Vergangenheit akzeptieren. Ich bete zu Gott, die unschuldigen Ukrainer zu beschützen. Wir haben es so weit kommen lassen. Wir können nicht immer durch Lug und Betrug Dinge sortieren. Wir sind daran schuld.

9 Das eigene Medienverhalten selbstkritisch hinterfragen

Post B:
Herr Schröder, als Deutscher schäme ich mich für Sie. Sie sind korrupt, ohne jeden Anstand, nehmen Geld von Putins kontrollierten russischen Staatskonzernen, die mit ihren Deviseneinnahmen einen brutalen Überfall auf die Ukraine (und zuvor Georgien und Moldawien) finanzieren und unterminieren die geostrategischen Interessen Deutschlands. Zudem verraten Sie die deutsche Sozialdemokratie, die sich immer gegen Totalitarismus gestellt hat, indem Sie Putin unterstützen, der die Ukraine jetzt überfällt wie Hitler die Sowjetunion. Putin behandelt Charkiw wie Hitler Stalingrad und Sie persönlich helfen, das zu finanzieren und bereichern sich an der Kriegsfinanzierung! Schämen Sie sich, spenden Sie sämtliche Einnahmen, die Sie je aus Ihren Aufsichtsratsmandaten bei russischen Konzernen hatten, dem Ukrainischen Roten Kreuz und treten Sie von diesen Mandaten sofort zurück. Andernfalls treten Sie sofort aus der SPD aus, verlassen bitte Deutschland und siedeln nach Russland um!! Bitte nehmen Sie dabei Frau Wagenknecht und Herrn Otte und diverse andere Kommunisten und AfD Politiker gleich mit! Sie bezeichneten Lehrer einmal als ‚faule Säcke' – ich möchte Sie als korrupten Sack bezeichnen!

Aufgabe 2: *Im Folgenden findest du zwei (fiktive) Zeitungsausschnitte über den gleichen Sachverhalt. Fasse die wesentlichen Aussagen stichwortartig zusammen. Welcher Text informiert dich objektiver, welcher kritischer? Begründe deine Meinung.*

Zeitung A:
Die Ampel-Regierung hat sich in der Gaskrise verheddert. Die Bundesregierung hat zwar die Energieversorgungsunternehmen Uniper und Sefe mittels Staatshilfen vor der Pleite gerettet, denn sonst hätte es für den deutschen Energiemarkt unabsehbare Folgen für die Bürger/innen gegeben. Aber die Rettung erfolgte nicht durch Finanzierung aus dem Bundeshaushalt, sondern die Kosten werden über eine Gasumlage den Verbrauchern aufgedrückt. Da allerdings auch Unternehmen die Umlage beantragen können, die nicht von einer Pleite bedroht sind, also auch prächtig verdienende Multis, sind Mitnahmeeffekte wahrscheinlich, womit die Umlage in die Höhe getrieben wird. Kanzler Scholz hat angekündigt, damit die erwartete Preiskeule die Verbraucher nicht zu hart trifft, dass die Mehrwertsteuer auf Gas von 19 auf 7 Prozent gesenkt werden soll. Ein Konstruktionsfehler mit Verschlimmbesserungseffekt, der neue Probleme schafft. Einsparungen beim Gasverbrauch sollte man fördern, damit im Winter keine Versorgungslücke eintritt. Denn desto höher der Preis, desto stärker reagiert die Nachfrage. Mit der Steuersenkung wird dieser Regelmechanismus außer Kraft gesetzt, zumindest abgeschwächt. Überdies profitieren von dieser reiche Villenbesitzer mehr als Mieter einer kleinen Wohnung. Die Regierung beglückt also mal wieder große Gruppen, wie schon beim Tankrabatt, anstatt ihre Hilfen auf die Gruppen zu konzentrieren, die den Preisschock nicht verkraften können. Geholfen werden müsste der ärmeren Bevölkerung. Allen anderen müsste klar gesagt werden, dass sie allein mit der Preiserhöhung klarkommen müssen.

KOHL VERLAG Umgang mit Massenmedien Aufbau, Bedeutung, Funktion und Nutzung – Best.-Nr. 13 046

9 Das eigene Medienverhalten selbstkritisch hinterfragen

Zeitung B:
Bundeswirtschaftsminister Habeck (Grüne) kündigte an, die Gasumlage zu überprüfen, warnte jedoch eindringlich davor, auf sie zu verzichten. Vielmehr sollte ein Weg gesucht werden, um „Trittbrettfahrer auszusortieren“, so sagte es Habeck am Freitag in Berlin. Es sei unbefriedigend, dass auch Unternehmen, die gute Gewinne machen, die Umlage mitnehmen wollten. Das sei eine Folge des Gleichheitsgrundsatzes. Es sollten dafür Lösungen gesucht werden, „ohne dass die Umlage insgesamt gefährdet wird“. Der Minister warnte davor, würde auf die Umlage verzichtet, dass dann ein Zusammenbruch von Energieversorgern drohe mit der Folge von Preissprüngen. So könnten Bürgerinnen und Bürger gezwungen sein, die teure Grundgasversorgung in Anspruch nehmen zu müssen. In diesem Fall würden sie Gas nur noch „zu Preisen des Spotmarktes“ bekommen, was einen ganz anderen „Aufschrei der Empörung“ auslösen würde als die Gasumlage. Habeck meinte dann: „Wir laufen auf einen Preissprung im Winter zu, der das, was wir im Moment diskutieren, klein sein lässt“. Daher müsse sich die Diskussion darauf konzentrieren, „wie gleichen wir die enormen Preissteigerungen so aus, dass die Gesellschaft zusammenbleibt“. Auch müsse die Geschlossenheit gegenüber Russland erhalten bleiben. Ab Oktober werden Kunden die Gasumlage von 2,4 Cent pro Kilowattstunde zahlen müssen. Darüber sollten Unternehmen entlastet werden, die teuer Gas einkaufen müssen, da aus Russland nur noch wenig Gas geliefert werde. Insgesamt entstehen Ansprüche von ca. 84 Milliarden Euro, wovon die angeschlagenen Gasimporteure Uniper und Sefe einen großen Teil bekommen werden. Allerdings gibt es auch Unternehmen, die zwar auf der Liste stehen, aber momentan nicht in Schwierigkeiten sind.

Aufgabe 3: **a)** *Erläutere den Begriff Sozialisation.*

____

____

____

____

____

b) *Überlege, welchen Einfluss Massenmedien bisher auf deine Sozialisation hatten und nenne dafür 5 negative Beispiele.*

____

____

____

____

____

9 Das eigene Medienverhalten selbstkritisch hinterfragen

Aufgabe 4: *Durch welche Medien holst du dir Informationen zum politischen Geschehen? Welche Gründe gibt es für dich, diese Medien zu bevorzugen?*

Aufgabe 5: *Wenn du oder deine Freunde Nachrichten über Facebook oder andere Social Media posten, was treibt euch dazu an? Was willst du damit erreichen?*

Aufgabe 6: *In deiner Schule soll ein neues Unterrichtsfach eingeführt werden, das „Umgang mit Massenmedien" heißt. Welche Inhalte sollte ein solches Fach deiner Meinung nach haben?*

KOHL VERLAG Umgang mit Massenmedien Aufbau, Bedeutung, Funktion und Nutzung – Best.-Nr. 13 046

9 Das eigene Medienverhalten selbstkritisch hinterfragen

Aufgabe 7: *Im Folgenden findest du einen Text zur politischen Funktion von Medien. Er ist sprachlich recht abstrakt geschrieben. Damit du den Umgang auch mit solchen Texten lernst, fasse die wesentlichen Aussagen in eigenen Worten zusammen.*

Zur Medienqualität wurden verschiedene empirische Studien durchgeführt. Die Informationssendungen des öffentlichen Rundfunks schneiden dabei besser ab als jene des Privatrundfunks, insofern etwa ARD und ZDF u. a. mehr Nachrichten, einen höheren Politikanteil, eine breitere Themenvielfalt und mehr Themen mit gesellschaftlicher Relevanz aufweisen.

Die Diskussion in der Kommunikationswissenschaft befasst sich auch nicht mehr nur mit der Frage nach der Messung, sondern zunehmend mit dem Problem der (nachhaltigen) Sicherstellung von Medienqualität im Rahmen des redaktionellen Managements. Stichworte hierzu sind: Vorhandensein publizistischer Leitlinien, Fact-Checking und Gegenlesen, Blatt- bzw. Sendekritik, institutionalisierte Weiterbildung etc.

Internet und Web 2.0 als Alternativen zwischen Zeitung und Leser zum Mitgestalten auffordern – dieses Ziel setzen einige Verlage bereits erfolgreich um.

Während die Bemühungen um Medienqualität auf bestehende Medienangebote von Presse und Rundfunk zielen, verstärkte sich in den letzten Jahren die grundsätzliche Kritik an den klassischen Massenmedien durch Anhänger und Vertreter der sog. Neuen Medien. Für sie beschränkt der Journalismus der klassischen Medien die Meinungsfreiheit grundsätzlich und bevormundet das Publikum. Nach ihrer Meinung bietet sich das Internet wegen seiner Interaktivität an, wobei das Internet mit seinen Diskussionsforen, Blogs und Twitter neue Möglichkeiten für alle Nutzer bereitstelle und so die Öffentlichkeit transparenter und egalitärer mache. Die „Konsumenten“ der klassischen Medien werden dabei unter dem Stichwort „Producer“ zu Produzenten in der Internetsphäre.

Allerdings werden diese Hoffnungen auf verstärkte Partizipation der Bürger durch das Internet kontrovers diskutiert. Betont wird etwa, dass auch im Internet die etablierten politischen Akteure – Stichwort „Twitter“ – und die mächtigen Wirtschaftsorganisationen dominieren würden. Zudem zeichnet die bisherige empirische Forschung ein eher ernüchterndes Bild, und zwar sowohl was die Qualität der Beiträge anbelangt als auch die politikorientierte interaktive Nutzung des Internets. Obwohl nach der neuesten ARD/ZDF-Onlinestudie 59 % der Onliner mindestens einmal wöchentlich Artikel und Berichte im Internet lesen, geben nur 12 % der Onliner an, an Internetforen teilzunehmen, und nur 8 % nutzen mindestens einmal pro Woche Blogs, also Weblogs von Bloggern. Darüber hinaus werden unter dem Stichwort „Shitstorms“ auch Schattenseiten des Social Web diskutiert, insofern Reizthemen wie Flüchtlinge, Gleichstellung, Homo-Ehen etc. mitunter hochemotionale Reaktionen auslösen und eine echte Debattenkultur vermissen lassen. Solche Netzdebatten erwecken den Eindruck, dass es weniger um einen konstruktiven Dialog mit gegenseitiger Kenntnisnahme der Argumente geht, sondern oft nur um Skandalisierung und Moralisierung mittels verbaler Scharmützel.

Zudem haben die klassischen Medien unter dem Stichwort Bürgerjournalismus begonnen, ihre Nutzer zu aktivieren und stärker zu beteiligen. Neue Partizipationsformen werden angeboten: Fotos, Filme und Textbeiträge können über Internet und Handy zugemailt und in den redaktionellen Teil integriert werden. Darüber hinaus recherchieren die professionellen Journalisten heute selbst verstärkt im Internet und nutzen die laufenden Diskussionen in den Foren als Input für ihre eigene Arbeit.

Lösungen

1 Was unter Massenmedien zu verstehen ist

Aufgabe 1: Durch Massenmedien gelangen Informationen an die Bevölkerung. Dies geschieht, indem sie über alle Bereiche der Gesellschaft, insbesondere Politik, Wirtschaft sowie Kultur und Soziales möglichst umfangreich, sachlich und verständlich informieren.

Aufgabe 2:
1. falsch, nicht alle Informationen sollen übermittelt werden, sondern nur wichtige und auf ihre Richtigkeit überprüfte.
2. richtig
3. richtig
4. richtig
5. falsch, es fehlen in der Auflistung die audiovisuellen Medien, z. B. das Fernsehen.
6. richtig
7. richtig
8. falsch, da jeder Informationen ins Netz stellen kann, die nicht von professionellen Journalisten auf ihren Wahrheitsgehalt überprüft wurden.

Aufgabe 3: Das Internet hat den Vorteil, dass jeder in dieses Informationen stellen kann, so wird zu einem Thema umfangreicher informiert. Es entsteht auch ein Austausch zwischen Sender und Empfänger, so kann es zu einer Wissenserweiterung auf beiden Seiten kommen. Es gibt auch in ihm und durch die Social Media viele Informationen zu lokalen Ereignissen, z. B. am eigenen Wohnort, was Zeitungen, Radio und Fernsehen eher selten bieten.

Aufgabe 4: Individuelle Angaben, z. B. Boris Johnson und sein Verhalten in Downing Street während des Corona Lockdowns. Vorwürfe von Vetternwirtschaft, Vorteilsnahme und Verschwendung gegenüber der zurückgetretenen Intendantin des RBB, Patricia Schlesinger.

2 Die Unterteilung von Massenmedien

Aufgabe 1: Zeitungen befassen sich mit dem aktuellen Tagesgeschehen und erscheinen in der Regel täglich. Sie bringen auch lokale Nachrichten. Zeitschriften beschäftigen sich mit speziellen Themenbereichen, z. B. Mode, Sport, Gesundheit, Wohnen, Prominente, Klatsch und Tratsch. Sie erscheinen i. d. R. einmal wöchentlich. In ihnen sind auch viele Bilder, sie dienen in erster Linie der Unterhaltung ihrer Leser.

Aufgabe 2: AV-Medien sprechen sowohl den auditiven als auch den visuellen Kanal bei ihren Nutzern an, so prägen sich ihre Inhalte besser ein, erscheinen interessanter und beeindruckender und auch ihr Unterhaltungswert ist höher. Allerdings kann man „nebenbei“ schlecht auch noch andere Dinge tun, z. B. Autofahren, denn im Gegensatz zu den auditiven Medien sollten die Augen ja dem Straßenverkehr ihre Aufmerksamkeit widmen.

Aufgabe 3: Zeitungen und Zeitschriften werden als **Printmedien** bezeichnet. Zeitungen befassen sich mit dem aktuellen Tagesgeschehen und erscheinen in der Regel **täglich**, Zeitschriften behandeln **spezielle** Themen, z. B. Mode, Sport, Gesundheit, Wohnen. Klatsch und Tratsch über **Prominente**. Sie erscheinen **einmal** in der Woche oder pro Monat. Sie werden auf hochwertigem Papier gedruckt und beinhalten auch viele **Bilder**. Unter AV-Medien, d. h. **Rundfunk** und Fernsehen, werden Kommunikationsmittel verstanden, deren Inhalte mit dem **Gehör** bzw. den Augen aufgenommen werden. Sie bieten ein breites, **abwechslungsreiches** Spektrum an Informationen, vor allem dienen sie auch der **Unterhaltung**. Im Gegensatz zu den Printmedien können sie sehr schnell auf neue **Ereignisse** reagieren und sind somit **aktueller**. Print und AV-Medien müssen von den Nutzern **bezahlt** werden. Im **Internet** findet man eine unendliche Fülle an Informationen, ohne dafür bezahlen zu müssen. Viele Printmedien **posten** hier auch Nachrichten, allerdings dann meist gegen Bezahlung. Im **Gegensatz** zu Print- und AV-Medien kann hier **jeder** Nachrichten, Videos etc. verbreiten, und eine Kommunikation mit anderen ist schnell und **unmittelbar** möglich. Allerdings besteht die Gefahr, dass im Netz **Fake News** verbreitet werden.

Aufgabe 4: Bevor Nachrichten öffentlich verbreitet werden, sollte eigentlich immer überprüft werden, wie glaubwürdig diese sind, welches gesicherte Wissen über sie existiert. Dieses zu tun ist die Aufgabe von professionellen Journalisten. Werden allerdings Nachrichten von „Laien“ gepostet, geht es meisten darum, wie viele Klicks das Gesendete von den Nutzern bekommt, deren Wahrheitsgehalt steht nicht im Vordergrund. So können Fake News entstehen.

Lösungen

3 Die Bedeutung der Massenmedien für eine demokratische Gesellschaftsordnung

Aufgabe 1:

a) Massenmedien informieren die Bürgerinnen und Bürgern über aktuelle politische und gesellschaftliche Themen. So erhalten diese darüber Informationen und die Medien tragen zu deren Meinungsbildung bei.

b) Die Regierung erläutert über die Massenmedien den Bürgerinnen und Bürgern ihre Meinung zu bestimmten Sachverhalten, erklärt und rechtfertig Entscheidungen, die sie traf, und versucht so, ihr Handeln positiv darzustellen. Die Opposition hingegen kritisiert die Regierung, stellt alternative Lösungsmöglichkeiten für Probleme dar und sorgt so für Meinungsvielfalt bei der Bevölkerung.

c) Die Meinungen der Bürgerinnen und Bürger über die Regierung bzw. die Kritik der Opposition werden durch Meinungsumfragen in den Medien dargelegt. Über die Sozialen Netzwerke und die Posts dort findet ein direkter Meinungsaustausch zwischen Politikern und der Bevölkerung statt.

d) Meldungen in Zeitungen bzw. dem Radio werden erst veröffentlich, wenn deren Wahrheitsgehalt von den dort angestellten Journalisten überprüft wurde. Für Informationen im Netz gilt das häufig nicht, denn hier stehen ja vielfach nicht professionelle Journalisten hinter den Meldungen, sondern „Laien" posten diese. So entstehen immer wieder Fake News.

Aufgabe 2: Investigativer Journalismus kritisiert und kontrolliert die Machtträger in einer Demokratie, indem er mögliche Verfehlungen dieser aufdeckt und kritisiert. Derartige Veröffentlichungen führen i. d. R. dazu, dass die Kritisierten sich für ihr Fehlverhalten entschuldigen, dieses zukünftig zu vermeiden oder von ihren Positionen zurückzutreten. Investigativer Journalismus führt auch dazu, dass Politiker sich von vornherein korrekt verhalten, um nicht durch die Medien bloßgestellt zu werden.

Aufgabe 3: Medien kritisieren in einer Demokratie politische Entscheidungen der **Regierung**, der Manager von **Wirtschaftsunternehmen** und anderen Institutionen. Sie tun das, indem sie Beiträge der **Oppositionsparteien** veröffentlichen, Whistleblowern ein Forum bieten, auf **Fehlverhalten** staatlicher Stellen hinzuweisen, und Wissenschaftler und **Experten**, die nicht die **Mainstream** Meinung vertreten, zu Wort kommen lassen. Zeitungen, Radio und Fernsehen kritisieren aber auch **selbst** die Regierung und Entscheidungen von Wirtschaftsunternehmen durch **investigative** Recherchen. Darunter versteht man einen **nachforschenden** und aufdeckenden Journalismus durch Profis. So wurde beispielsweise aufgedeckt, wie Automobilhersteller **Abgaswerte** von Automotoren manipulierten, um so die **gesetzlich** vorgeschriebenen Emissionswerte (scheinbar) zu erreichen. Auch **persönliche** Verfehlungen im Verhalten der **Machtträger** werden benannt und kommentiert. So sehen sich diese genötigt, sich für ihr Fehlverhalten zu **entschuldigen**, dieses zukünftig zu vermeiden oder von ihrer Position **zurückzutreten**. Die **Angst** vor derartigen Meldungen führt auch dazu, sich **korrekt** zu verhalten. Auch Posts von Politikern in **Social Media** werden von den Medien veröffentlicht, kommentiert und kritisiert.

Aufgabe 4: Ein Whistleblower deckt Missstände an seinem/ihrem Arbeitsplatz auf, z. B. Fälle von Datenmissbrauch, Korruption, Menschenrechtsverletzungen. Auch staatliche Behörden sind häufig von Whistleblower-Enthüllungen betroffen. Die enthüllten Informationen sind geheim oder nicht für die Öffentlichkeit bestimmt. Die Enthüllungen schaden Behörden und Unternehmen in ihrem Ansehen und ihrer Glaubwürdigkeit, informieren aber die Öffentlichkeit über unrechtes Verhalten dieser Institutionen. Daher sind Whistleblower in der Gesellschaft hoch angesehen, setzen aber mit ihren Veröffentlichungen ihren Arbeitsplatz und häufig auch ihre persönliche Sicherheit aufs Spiel.
Der wohl bekannteste Whistleblower ist Edward Snowden. Der CIA-Mitarbeiter deckte 2013 auf, dass die National Security Agency (NSA) weltweit und ohne bestehende Verdachtsfälle telekommunikative Daten sammelte für das angebliche Verhindern von terroristischen Anschlägen.

Aufgabe 5: Als Fake News werden unwahre, manipulierte, vorgetäuschte Nachrichten bezeichnet, die sich überwiegend im Internet, insbesondere in sozialen Netzwerken und anderen sozialen Medien verbreiten. Sie werden aus politischen oder persönlichen Gründen verbreitet, um Menschen zu täuschen. Vgl. die Behauptung von Donald Trump, die Wahl von Joe Biden zum Präsidenten und damit seine Abwahl sei manipuliert worden.

Lösungen

3 Die Bedeutung der Massenmedien für eine demokratische Gesellschaftsordnung

Aufgabe 6:

Politische Ereignisse haben vielfach sehr komplexe Hintergründe,	in der Gesellschaft hinweisen.
Medien können auch soziale Vorurteile und Diskriminierungen	gegenüber Minderheiten abschwächen.
Medien vermitteln auch Normen und Verhaltensweisen den Bürgerinnen und Bürgern,	die verschiedenen Positionen einzelner Gruppen erläutern.
Medien sollten früh auf problematische Entwicklungen	die abseits der Öffentlichkeit in speziellen Gremien stattfinden.
Medien können diese Hintergründe und	abgebremst bzw. gestoppt werden.
So erweitert sich das Wissen und der Erfahrungshorizont	aufzunehmen und zu versuchen, sie zu integrieren.
Medien eröffnen der Bevölkerung also Möglichkeiten der	die als allgemeingültig betrachtet werden sollten.
Durch solche Hinweise können negative Entwicklungen	Kontrolle und Kritik wichtiger Ereignisse, da sie diese hinterfragen.
Ein Beispiel hierfür ist, Flüchtlinge und Asylsuchende in der Bundesrepublik	der Bürgerinnen und Bürger in einer Demokratie.

4 Pressefreiheit in einer Demokratie

Aufgabe 1: **a)** Individuelle Lösungen, beispielsweise:
Kritik am sogenannten Entlastungspaket der Regierung für die Bürger/innen wg. der Preissteigerungen für Lebensmittel und Sprit, Kritik an geplanten Corona Maßnahmen zur Eindämmung einer neuen Epidemie, Kritik an einer möglichen Verlängerung der Laufzeit von AKWs wg. des Ukraine Krieges etc

b) Individuelle Lösungen, beispielsweise:
Menschenverachtende oder verfassungswidrige Inhalte, Diskriminierung von Minderheiten, Hass- und Hetzkampanien und üble Verleumdungen.

Aufgabe 2: **a)** Die Bevölkerung soll so nur mit den Informationen versorgt werden, die das Handeln der Regierung als richtig und sinnvoll erscheinen lassen. So ist die Wahrscheinlichkeit recht hoch, dass die Bürgerinnen und Bürgern dieses billigen und letztlich die Regierung unterstützten.

b) Nur die Social Media senden unzensierte Nachrichten und so gelangen Gegenmeinungen zu den Bürgerinnen und Bürgern. Allerdings versucht die Regierung die Social Media, wenn möglich, zu unterdrücken, und diejenigen, die in ihnen alternative Meldungen verbreiten, zu bestrafen bzw. zu verhaften.

Lösungen

4 Pressefreiheit in einer Demokratie

Aufgabe 3:

1. Die Freiheit der Massenmedien, unzensiert Nachrichten verbreiten zu dürfen, findet man **im Grundgesetz.**
2. Dort steht, dass staatliche Organe keinen Einfluss darauf ausüben dürfen, was **Medien berichten.**
3. In autoritären bzw. diktatorischen Staaten gibt es nur unzensierte Nachrichten in den **Social Media.**
4. Massenmedien in einer Demokratie werden auch als **„Vierte Gewalt"** bezeichnet.
5. Durch ihre unabhängige Berichterstattung kontrollieren und kritisieren sie nämlich die anderen drei Gewalten, d. h. **Legislative, Exekutive und Judikative.**
6. Pressefreiheit findet ihre Grenzen allerdings dort, wo veröffentlichte Informationen gegen die freiheitlich demokratische Grundordnung bzw. die **Menschenrechte verstoßen.**
7. Das gilt auch für üble Verleumdungen und **Hasskampagnen.**
8. Gegen die Verantwortlichen solcher Nachrichten kann gerichtlich **Klage erhoben werden.**
9. Die Gerichte können die Verantwortlichen zur **Zahlung von Strafgeldern verurteilen.**
10. Verfassungswidrige Berichte und Hasskampagnen in den Social Media können strafrechtlich schwer verfolgt werden, da meist nicht zurückverfolgt werden kann, wer **diese ins Netz stellte.**
11. Durch entsprechende Gesetze sollen die Social Media veranlasst werden, von sich aus **derartige Nachrichten zu löschen.**

Aufgabe 4: Da Medien über alle wichtigen Bereiche der Gesellschaft, d. h. Politik, Wirtschaft sowie Kultur und Soziales beständig informieren, liefern sie der Bevölkerung das Wissen, gesellschaftliche Vorgänge in diesen Bereichen zu verstehen. Da diese Informationen auch unterschiedliche Standpunkte zu denselben Themen bringen und Probleme aufzeigen, regen sie die Bürgerinnen und Bürger an, über politische Prozesse zu diskutieren und sich eine eigene Meinung zu bilden. Über Meinungsumfragen und die Social Media erfahren dann die Politiker diese Meinungen.

5 Unabhängigkeit der Massenmedien

Aufgabe 1:

a) ARD, ZDF, Deutschlandfunk, NDR, arte, BR-Fernsehen, MDR, Radio Bremen, SWR, WDR etc.

b) Kabel 1, MTV, Pro Sieben, RTL, Sat.1, n-tv, Nick, Super RTL, VOX, etc.

c) Apotheken Zeitungen, Zeitung der Herzstiftung, Pro Publica, Zeitungen des DGB, Haus & Grund Verbandszeitschrift, Correctiv (= u. a. Brost Stiftung), Wir (= Magazin der Fürst Donnersmark Stiftung) etc.

d) Wikileaks, Wochenzeitung Kontext, Krautreporter, Prenzlauer Berg Nachrichten, Anti Spiegel etc.

Aufgabe 2: Öffentlich-rechtliche Rundfunk und Fernsehanstalten müssen laut Grundgesetz der Bevölkerung eine umfassende, inhaltlich vielfältige und ausgewogene Berichterstattung über gesellschaftlich relevante Ereignisse anbieten. Verantwortlich hierfür ist der Rundfunkrat und der Intendant des jeweiligen Senders.

Aufgabe 3: Der Rundfunkrat muss laut Grundgesetz alle Bereiche des öffentlichen Lebens vertreten. Da auch Frauenverbände und Religionsgemeinschaften ein Teil des öffentlichen Lebens sind, sitzen deren Vertreter auch im Rundfunkrat

Aufgabe 4: Öffentlich-rechtliche Medien werden durch (Zwangs-) Gebühren finanziert. Ihr Programm wird durch den Rundfunkrat kontrolliert, um unabhängigen Journalismus und ausgewogene Berichterstattung zu gewährleisten. Private Fernsehsender werden durch Werbung finanziert oder den Verkauf von Abonnements (= Pay-TV). Sie sind also davon abhängig, dass weiterhin genug Werbeeinnahmen hereinkommen bzw. Abos verkauft werden. So besteht die Gefahr, dass sie z. B. negative Meldungen über ihre Werbeträger nicht veröffentlichen bzw. Nachrichten nicht senden, die diesen nicht gefallen könnten.

Lösungen

5 Unabhängigkeit der Massenmedien

Aufgabe 5:

1. falsch, sie finanzieren sich auch noch über den Verkaufspreis, Abonnements, Gelder von Stiftungen und Vereinigungen und Spenden.
2. falsch, jeder Haushalt muss eine monatliche Gebühr (zwangsweise) zahlen, unabhängig davon, ob er einen Fernseher hat oder nicht.
3. richtig.
4. falsch, viele Nachrichten der Zeitungen sind unentgeltlich nutzbar, sie finanzieren sich über Werbung. Der Anteil der Nachrichten, für die eine Gebühr zu zahlen ist, ist recht klein.
5. richtig.
6. falsch, die Spender üben zwar keinen direkten Einfluss auf die Berichterstattung aus, aber können aufhören zu spenden, wenn ihnen diese nicht mehr zusagt, so besteht ein indirekter Einfluss durch sie auf die Berichterstattung.
7. richtig.
8. richtig.
9. falsch, die Einschaltquote entscheidet in erster Linie darüber, wieviel Geld mit der dabei vermittelten Werbung erzielt werden kann.
10. richtig.

Aufgabe 6: Das Lösungswort lautet: **FINANZIERUNG**

1 = Werbeeinnahmen 2 = investigativ 3 = unabhängig 4 = Programm 5 = unterhalten 6 = entzieht
7 = unabhängig 8 = Themenvorgaben 9 = gekauft 10 = begeistern 11 = Abhängigkeiten 12 = umgehen

Aufgabe 7: Öffentlich-rechtliche Medien sind in ihrer Berichterstattung sehr **unabhängig.**

Für investigative Printmedien trifft das **ebenfalls zu.**

Private Radio- und Fernsehsender orientieren sich bei ihrer Berichterstattung auch daran, über ihre Werbekunden **keine negativen Nachrichten zu veröffentlichen.**

Durch Spenden finanzierte Medien senden das, was die Konsumenten hören wollen, sind aber von denen **nicht unmittelbar abhängig.**

Durch Stiftungen und Vereinigungen finanzierte Medien haben von vornherein durch diese **bestimmte Themenvorgaben.**

Wesentlich ist, wie die einzelnen Medien umgehen mit ihren **jeweiligen Abhängigkeiten.**

6 Wahrheit und Richtigkeit der Aussagen in Massenmedien

Aufgabe 1:

a) Sind die in den Medien angeführten Aussagen genau, präzise und konkret? Wird logisch argumentiert? Werden nachvollziehbare Schlussfolgerungen und Beispiele genannt? Werden für genannte Probleme Lösungen aufgeführt? Ist die Sprache bei den Nachrichten möglichst emotionsfrei? Werden Vorwürfe ohne konkrete Begründungen geäußert, die in erster Linie von Misstrauen und Wut geprägt sind?

b) Individuelle Lösungen. Beispiele:

Beliebtheitsfehlschlüsse:
Ein Schlagerstar äußert seine Meinung über einen Sachverhalt in einem Post, der wenig begründet scheint. Da er sehr beliebt ist, glauben seine Fans nun, der Sachverhalt sei richtig.
Alle in deiner Clique sind der Meinung, dass euer Mathematik Lehrer einen schlechten Unterricht macht, denn die meisten haben keine guten Zensuren bei ihm, andere aber schon.

Traditions-Fehlschlüsse:
In unserer Clique haben wir das schon immer so gehalten.
Die Eltern meinen bei einer Familienregel, die der Jugendliche hinterfragt, diese Regel gelte schon immer in der Familie, so war es auch, als sie noch Kinder waren.

Fehlschlüsse der vorschnellen Verallgemeinerung:
Ein Polizist, den man kennt, meint, sehr viele Asylanten würden kriminell agieren, vor allem junge Männer. Diese Erfahrung habe er immer wieder gemacht.
Eine Schülerin hat zweimal hintereinander ihre Hausaufgaben nicht gemacht. Daraufhin meint der Lehrer: „Das ist typisch für dich, nie machst du deine Hausaufgaben".

Umgang mit Massenmedien
Aufbau, Bedeutung, Funktion und Nutzung – Best.-Nr. 13 046

Lösungen

6 Wahrheit und Richtigkeit der Aussagen in Massenmedien

Aufgabe 2:

a) Die Aussage ist objektiv wenig begründet, es werden keine Zahlen bzw. Statistiken genannt, die angeben, wie viele Straftaten Ausländer wirklich begangen haben und wie viele Deutsche.

b) Die Aussage ist prinzipiell richtig, denn sie wird durch Umfragen untermauert. Allerdings sollte angeführt werden, um welche Umfragen es sich handelt, ob diese seriös sind und wer sie machte.

c) Die Aussage ist prinzipiell richtig, denn würde es staatliche Zulassungen geben, um als Journalist tätig zu werden, wäre die Pressefreiheit bzw. die freie Meinungsäußerung nicht mehr gewährleistet. Denn so könnte der Staat Einfluss darauf nehmen, wer Journalist werden darf und wer nicht.

d) Die Aussage ist prinzipiell richtig, denn je weniger Medienanbieter es gibt, desto weniger Vielfalt gibt es bei Informationen.

e) Die Aussage ist prinzipiell richtig, wie viele Untersuchungen zeigen. Allerdings bleibt offen, wer in dieser Aussage als „Staat" gemeint ist, d. h. von welcher staatlichen Stelle die Schulen das Geld für die Lüfter bekommen sollten.

f) Die Aussage ist objektiv wenig begründet, denn die Vermittlung von Lernstoff hängt von vielen Faktoren ab, vor allem vom Lerneifer der Schüler oder wie gut und verständlich der Lehrer den Stoff vermittelt. Die Anzahl der Schüler in einer Klasse ist dabei ein eher nachrangiger Faktor.

Aufgabe 3: Ein solches Gesetz würde dem Grundrecht der freien Meinungsäußerung, festgelegt im Grundgesetz, widersprechen und wäre so nicht zulässig.
Sich eine eigene Meinung über politische und andere Situationen zu bilden, wäre bei einem solchen Gesetz sehr erschwert, denn die Regierung gibt ja vor, was sie als wahr erachtet und somit berichtet werden darf. Das gilt auch für Hintergrundberichte und Kommentare über die Arbeit der Regierung. Missstände im Verhalten von Politikern würden kaum noch aufgedeckt werden können, die Opposition könnte ihre Ansichten nur noch sehr erschwert der Öffentlichkeit vermitteln. Im Netz und vor allem in den Social Media würden jedoch wahrscheinlich weiterhin Nachrichten unzensiert verbreitet werden, denn dem Bundespresseamt dürfte es schwer möglich sein, diese vorher zu kontrollieren.

7 In welcher Form eine Nachricht die Nutzer beeinflussen bzw. manipulieren kann

Aufgabe 1:

a) Individuelle Lösungen, je nach ausgewählter Nachricht.

b) Individuelle Lösungen.

Aufgabe 2: Die Zeitung muss ihre Quellen nicht offenlegen, denn ihren Journalisten steht das Zeugnisverweigerungsrecht zu. Dieses garantiert, dass sie nicht offenlegen müssen, woher sie ihre Informationen bekamen und wer ihnen diese gab. Die Zeitung ist allerdings dazu verpflichtet, die „Gegendarstellung" des Ministers abzudrucken, darf diese aber kommentieren.

Aufgabe 3: Nahezu alle Medien finanzieren sich zumindest teilweise durch Werbung. Dabei gilt, dass sich eine Zeitung nicht durch Werbeanzeigen beeinflussen lassen darf, was und wie sie z. B. über den Werbetreibenden berichtet. Mit der Pressefreit hat alles aber nichts zu tun, denn hier geht es ja nicht um staatliche Organe. Außerdem müsste Zeitung A auch beweisen können, dass Zeitung B über die Firma nur deswegen positiv berichtete, weil sie sonst befürchtet, die Firma würde ihre Werbung nicht mehr bei ihr veröffentlichen. Das dürfte schwer werden.

Aufgabe 4: Bei ARD und ZDF liegt der Schwerpunkt der Nachrichten bei Politik- und Wirtschaftsthemen, bei privaten Sendern stehen Themen wie Kriminalität, Sport, Kuriositäten, Klatsch und Tratsch stärker im Vordergrund.
Laut Umfragen gaben über 75 % der Befragten an, dass sie Nachrichten der öffentlich-rechtlichen Programme als sachlich, glaubwürdig, kompetent und anspruchsvoll einschätzen. Nur jeder zehnte Befragte war der Meinung, das gelte auch für Nachrichten der privaten Sender.

Aufgabe 5: Unter Kommerzialisierung der Medien versteht man vor allem, dass objektive Informationen über politische und andere öffentliche Ereignisse in den Hintergrund treten, die Unterhaltung des Publikums aber in den Vordergrund. Die Gefahr besteht dabei, dass Oberflächlichkeit, Einseitigkeit, Subjektivität und Realitätsverzerrung bei Berichten eintreten. Hintergrundwissen zu aktuellen Fragen gibt es so auch immer weniger.

Aufgabe 6: Zeitung A berichtet wenig über die Fakten der Führungsschwäche des Kanzlers, ihre Sprache ist auch gespickt mit emotionalen Ausdrücken, z. B. „schwerste Unwetter, seine Offiziere, Schlingerfahrt, kann oder will sich nicht erinnern". So entsteht der Eindruck von Führungsschwäche, ohne dass diese ausreichend begründet wird. So soll der Leser/in auf der emotionalen Seite gegen Scholz eingenommen werden. Bei Zeitung B werden Fakten genannt, z. B. die Umfragewerte des Kanzlers, die momentane Inflationsrate etc. Die Sprache ist emotionsfrei, so erfolgt keine Manipulation.

Lösungen

7 In welcher Form eine Nachricht die Nutzer beeinflussen bzw. manipulieren kann

Aufgabe 7: Beitrag A informiert detaillierter über die Vorwürfe, die Schlesinger gemacht werden, wobei er auch deren Quellen zitiert und die Stellungnahmen des RBB dazu. Beitrag B informiert über die Vorwürfe nur allgemein, zitiert aber sehr ausführlich, wie Schlesinger dazu Stellung nimmt, was Beitrag A nur mit einem Satz zum Schluss erwähnt. Erst beide Beiträge zusammen ergeben ein gutes Gesamtbild der Anschuldigungen und der Stellungnahmen der Betroffenen und ermöglichen so, ein relativ umfassendes Wissen über den Sachverhalt zu erhalten. Je nachdem, ob man mehr Wert auf Informationen über die Vorgänge oder die Stellungnahmen der Betroffenen legt, wird einen Beitrag A oder Beitrag B persönlich mehr ansprechen.

Aufgabe 8: In einem Urteil hat das Oberlandesgericht Frankfurt/Main festgelegt, dass Influencer verpflichtet sind, in ihren Posts deutlich zu machen, wann sie in diesen für Firmen werben und von ihnen Entgelte oder sonstige Gegenleistungen dafür erhalten. Allerdings dürfte es schwer werden, den Nachweis zu erbringen, dass die Influencerin wirklich für ihr Outfit von einer Firma Geld erhielt, denn sie kann sich ja ihre Kleidung privat gekauft haben, findet diese sehr gut und will diesen Tipp nun auch ihren Followern geben. Allerdings müsste sie gegenüber dem Finanzamt angeben, wieviel Geld sie vom Hersteller der Kleidung für ihre Werbung dafür bekam.

Aufgabe 9:

a) Obwohl Werbung eigentlich klar gekennzeichnet sein müsste, halten sich Netzanbieter nicht immer daran. Sind Nachrichten mit Werbung verbunden, freut das die Werbetreibenden, denn so wird die Werbung für ihre Produkte nicht gleich weggeklickt. Sie werden wahrscheinlich dann weitere oder mehr Werbung bei dem Anbieter schalten, der das tut. So verdient dieser mehr Geld. Es besteht allerdings ein großer Unterschied, ob man einen Werbeartikel oder einen neutral recherchierten Artikel liest, denn nur bei einem solchen kann man relativ sicher sein, dass die dort aufgeführten Fakten wirklich stimmen.

b) Nein, Werbung in den Medien muss als solche ohne weiteres erkennbar sein, z. B. indem über dem Artikel steht, dass dies eine Werbeseite der Firma XY ist. Die Zeitung könnte verklagt werden, eine solche Form der indirekten Werbung zu unterlassen.

8 Gegenüberstellung von Nachrichten in Social Media zu denen traditioneller Medien

Aufgabe 1: Im Internet findet man eine riesige Fülle an Informationen, leicht und **jederzeit** zugänglich, immer wieder aktualisiert. Beiträge von Printmedien, d. h. **Zeitungen** und Zeitschriften oder Fernsehnachrichten finden sich hier auch. Eine **Kommunikation** mit anderen ist schnell und unmittelbar möglich. Bilder und Videos sind präsent, lange bevor überhaupt Erklärungen und **Einordnungen** eines Geschehens von **Journalisten** bzw. Politikern vorgenommen werden können. Eigentlich sollte aber immer überprüft werden, wie **glaubwürdig** und wichtig ein Geschehen ist, welches **gesicherte** Wissen darüber zur Verfügung steht, wie eine Nachricht bezüglich Text und passendem Bildmaterial zu gestalten ist und welche **relevanten** Personen Aufklärung und Stellung dazu beziehen. So zu verfahren ist die Aufgabe von **professionellen** Journalisten. Werden allerdings Nachrichten, Bilder und Videos von **„Laien"** gepostet, geht es um diese Fragen i. d. R. vorrangig nicht, sondern nur darum, wie viele **Klicks** das Gesendete von den Nutzern bekommt. Als Nutzer solltest du dir dessen bewusst sein und im Zweifelsfall genau **nachsehen**, wer hinter einem Artikel oder einem Video steht.

Aufgabe 2:

a) Falsch, durch die Vielzahl der Nachrichten sind diese gerade nicht gegliedert. So muss man lernen, sich in dem breiten Angebotsspektrum zurechtzufinden

b) Richtig, da jeder Nachrichten ins Netz stellen kann, unabhängig davon, ob diese stimmen oder auf ihren Wahrheitsgehalt überprüft wurden.

c) Falsch, denn Nachrichten können auch ohne Stellungnahmen dieser Personen wichtig sein, beispielsweise wenn sie Verfehlungen dieser Personen aufdecken.

d) Teilweise falsch, denn es kann häufig nicht nachgeprüft werden, wo die Bilder real entstanden sind und ob sie möglicherweise nur Ausschnitte des Geschehens zeigen, die dessen Gesamteindruck verfälschen.

e) Richtig. Nur wenn du dich immer fragst, wer die Nachrichten ins Netz stellte, kannst du so richtige bzw. wichtige von falschen und unwichtigen unterscheiden.

f) Richtig. Allerdings besteht die Gefahr, dass behauptet wird, professionelle Medien seien alle gleichgeschaltet bzw. ihnen werde von Politikern und Wirtschaftsbossen diktiert, was sie zu veröffentlichen haben, sodass sie als „Lügenpresse" tituliert werden.

Lösungen

8 Gegenüberstellung von Nachrichten in Social Media zu denen traditioneller Medien

Aufgabe 3: **a)** Man kann in den Social Media beliebig meckern, wie unqualifiziert auch immer, solange es dem Mainstream dort entspricht. So kann man Ärger loswerden, egal, wie und wodurch dieser entstanden ist. Man muss sich so selbst auch nicht fragen, welche Ursachen für den eigenen Ärger verantwortlich sein könnten und welchen Anteil daran das eigene Verhalten hat. Vor allem teilen diesen Ärger viele andere, man fühlt sich so aufgehoben und bestätigt.

b) Individuelle Lösungen.

Aufgabe 4: Als Lügenpresse werden die traditionellen Medien dann bezeichnet, wenn ihnen unterstellt wird, sie würden sich ihre Berichte und Nachrichten von Politkern oder Wirtschaftsbossen diktieren lassen, sie seien daher nicht unabhängig. Stichhaltige Beweise, dass das wirklich der Fall ist, werden für diese Behauptungen aber nicht aufgeführt.
Als „Fake News“ werden manipulierte, vorgetäuschte Nachrichten bezeichnet, die sich überwiegend durch Social Media verbreiten. Durch sie kann Angst und Hass gegenüber bestimmten Personengruppen entstehen.

Aufgabe 5: Warum bei einem niedrigeren Gas- und Strompreis die Inflation quasi automatisch runtergehen sollte, wird nicht begründet. Dass das 9 Euro Ticket aus Steuergeldern bezahlt werden muss, stimmt. Die Öffis auch vermehrt in ländlichen Gebieten einzusetzen, ist eine berechtigte Forderung. Warum aber Leute durch dieses Ticket eher in Armut rutschen sollten, wird nicht erklärt oder begründet, auch nicht, warum angeblich staatliche Gelder die Inflation erhöhen würden. Für billige Energieerzeugung soll der Staat Geld ausgeben ist eine weitere Forderung, aber warum das der einzige Ausweg sei, bleibt offen.

Aufgabe 6: **Post A:**
Ein persönliches Schutzversprechen für jüdisches Leben abzugeben, zeugt von ziemlicher Betroffenheit und innerer Überzeugung, dieses auch umzusetzen, zumal Politiker daran jederzeit gemessen werden können.

Post B.
Behauptungen über den angeblichen Kontrollverlust der Ampel werden ohne Belege genannt. Hier wird einfach nur „gemeckert“, wobei B sich selbst, ohne es direkt zu sagen, als potenzieller Bessermacher darstellt.

Post C:
Mitgefühl gegenüber den Bürger/innen wird gezeigt, mit dem Versprechen, sich persönlich um weitere Entlastungen zu kümmern. Das tue auch die eigene Partei. Somit wird Solidarität mit dieser signalisiert.

Post D:
Besorgt sein, dass falsche Entscheidungen getroffen werden. Ob diese Sorge allerdings aus wirklich persönlicher Betroffenheit resultiert oder nur der eigenen Profilierung dienen soll, bleibt aber offen.

Aufgabe 7: Gute Medienkritik zeichnet sich dadurch aus, dass genau, präzise und konkret bestimmte Sachverhalte in Artikeln infrage gestellt werden. Sie argumentiert logisch, führt nachvollziehbare Schlussfolgerungen an und zeigt alternative Lösungen auf. Die Sprache dabei ist möglichst emotionsfrei.

Aufgabe 8: **a)** Habeck meint, Deutschland produziere genug Strom und exportiere ihn auch in EU-Staaten. Es soll beim Ausstieg aus der Atomenergie bleiben, ein Weiterbetrieb sei gefährlich, was aber nicht stimme, denn die deutschen AKWs seien laut TÜV mit die sichersten der Welt. Nur bei Notfällen in der Stromversorgung sollten sie weiter Strom produzieren. Auf die hohen Strompreise für die Verbraucher geht er nicht ein. Der Minister sei uninformiert und unfähig, das Problem der hohen Strompreise anzugehen.

b) Wortwahl:
Habeck wird als Frauenschwarm, Vorzeige-Grüner und jemand bezeichnet, der die Probleme der einfachen Menschen nicht wahrnehme. Er betreibe gegenüber den Bürger/innen Augenwischerei und tue so, als wenn die Grünen alles im Griff hätten, vgl. Friede, Freude, grüner Eierkuchen. Die Grünen seien ideologiebesessen, würden faktisch die Bundesregierung führen und dafür müssten die Menschen in Deutschland bezahlen.

Gefühle:
Es entsteht das Gefühl, Habeck sei inkompetent, er ignoriere die Sorgen der einfachen Menschen, er versuche sich durchzumogeln zwischen dem Anspruch der Grünen nach einem Atomausstieg und der Realität. Es wird den Grünen insgesamt Unfähigkeit unterstellt und behauptet, sie würden eigentlich allein die Regierung führen und letztlich müssten die Bürger/innen für deren Unfähigkeit mit hohen Strompreisen bezahlen. Also wird ein Gefühl erzeugt, die Grünen sind an den wirtschaftlichen Problemen allein Schuld und müssten letztlich abgewählt werden.

Lösungen

9 Das eigene Medienverhalten selbstkritisch hinterfragen

Aufgabe 1: **Post von Schröder:**
Kriege müssen so schnell wie möglich durch Dialoge beendet werden. Auch wenn es gegensätzliche Interessen gibt, dürfen wirtschaftliche und gesellschaftliche Verbindungen zwischen Staaten nicht gänzlich gekappt werden. Denn nur durch Gespräche miteinander besteht die Hoffnung, dass Frieden und Sicherheit auf unserem Kontinent wieder möglich sind.

Post A:
A hält Schröder Heuchelei vor. Die westliche Welt sei dekadent und habe gegenüber der restlichen Welt versagt, daher entstünden solche Kriege wie jetzt in der Ukraine. Putin habe in der Vergangenheit den europäischen Ländern die Hand gereicht, aber diese hätten sie nicht angenommen und würden ihren Fehler und ihre Schuld nicht zugeben. Dinge seien nicht durch Lug und Betrug zu regeln. Man könne so nur noch für die unschuldigen Ukrainer beten.

Post B:
B unterstellt Schröder, er sei ein korrupter Sack, denn er nehme Geld von Putin und den russischen Staatskonzernen, so unterminiere er die geostrategischen Interessen von Deutschland. So verrate er auch die deutsche Sozialdemokratie, die sich immer gegen Totalitarismus, wie ihn Putin praktiziert, ausgesprochen habe. Er bereichere sich letztlich an der Kriegsfinanzierung. Er solle sich schämen und das Geld, das er für seine Aufsichtsratsmandate bekomme, dem Ukrainischen Roten Kreuz spenden, ansonsten Deutschland verlassen und nach Russland übersiedeln. Dann solle er auch gleich ähnlich geartete Politiker, wie er einer sei, mitnehmen.

Aufgabe 2: **Zusammenfassungen der Texte:**

Zeitung A:
Strauchelnde Energieversorgungsunternehmen wie Uniper sind durch Staatshilfen gerettet worden. Die Kosten hierfür werden aber nicht aus dem Bundeshaushalt finanziert, sondern durch einen Preisaufschlag für die Gaskunden. Dieser geht an die Gasanbieter. Aber auch gutverdienende Unternehmen können diesen beantragen, womit die Gaskosten weiter in die Höhe getrieben werden. Auch die Reduzierung der Mehrwertsteuer für Gas auf 7 Prozent bringe da wenig. Es sollten daher Einsparungen beim Gasverbrauch durch die Verbraucher gefördert werden. Vor allem gehe es darum, nicht große Gruppen mit Hilfen zu unterstützen, sondern gezielt denjenigen, die aus eigener Kraft den Preisschock nicht verkraften können.

Zeitung B:
Bundeswirtschaftsminister Habeck will die Gasumlage noch einmal überprüfen, vor allem sollten Unternehmen, die gute Gewinne machen, von ihr nicht profitieren können. Auf die Umlage könne aber nicht verzichtet werden, denn dann könnten die Preise für Gas sehr weit steigen. Ein großer Preissprung im Herbst sei wahrscheinlich, daher sei die Hauptfrage, wie dieser so abzufedern sei, dass die Gesellschaft zusammenbleibt und die Geschlossenheit gegenüber Russland bestehen bleibt. Ab Oktober sollen Gaskunden daher eine Umlage von 2,4 Cent pro Kilowattstunde zahlen, um Firmen zu entlasten, z. B. Uniper, die wegen der gedrosselten Lieferungen aus Russland anderswo teuer Gas einkaufen müssen.

Informationsgehalt der Texte:
Zeitung A informiert teilweise detaillierter über einzelne Punkte der Umlage, z. B. über die Absenkung der Mehrwertsteuer. Zeitung B führt auf, wie Habeck die Lage beurteilt und welche Befürchtungen er für den Herbst bei den Gaspreisen hat, und dass er seinen bisherigen Gesetzentwurfs zur Gasumlage kritisch überdenken will. Der Bericht in Zeitung A kritisiert die Bundesregierung häufig, z. B. sie hat sich in der Gaskrise „verheddert", die Maßnahmen der Regierung seien eine „Verschlimmbesserungseffekt". So werden negative Emotionen gegenüber der Regierung bei den Lesern hervorgerufen, was die Gefahr birgt, dass diese sich mit den Inhalten weniger auseinandersetzen. Zeitung B beschränkt sich auf reine Informationen, so kann sich der Leser eher ein eigenes Urteil bilden. Erst wenn man beide Texte liest, wird man über den Sachverhalt der Gasumlage sowohl objektiv als auch kritisch informiert.

Aufgabe 3:

a) Mit dem Begriff Sozialisation ist gemeint, in welcher Art und Weise unser Denken, unsere Gefühle, Einstellungen, Wünsche, Bedürfnisse, Normen und Werte von der Gesellschaft, in der wir aufwachsen, geprägt wurden. Ebenso wird unser Handeln von Personen, die für uns wichtig sind, z. B. die Eltern, Geschwister und Freunde geprägt. In diesem Sinne vermitteln uns aber auch Medien Werte, Normen, Einstellungen etc.

b) Individuelle Lösungen, beispielsweise:
Werte und Normen bzw. Verhaltensweisen wurden von Influencern unhinterfragt übernommen. Man hat zu wenig Kritikfähigkeit ausgebildet, da primär nur die Social Media genutzt werden, um sich über einen Sachverhalt zu informieren. In seiner Freizeit beschäftigt man sich zu viel mit den Social Media, so ist man von diesen abhängig geworden, weiß sich anders kaum noch zu beschäftigen. Die Fähigkeit, mit anderen differenziert und umfassend zu kommunizieren, ist durch den beständigen Umgang mit dem Smartphone eingeschränkt worden. Eine umfassende Meinungsbildung über einen Sachverhalt anhand von unterschiedlichen Medien erfolgte kaum.

Umgang mit Massenmedien
Aufbau, Bedeutung, Funktion und Nutzung – Best.-Nr. 13 046

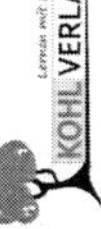

Lösungen

9 Das eigene Medienverhalten selbstkritisch hinterfragen

Aufgabe 4: Individuelle Lösungen, beispielsweise:
Argumente für Social Medien: Sie sind sehr vielfältig, die unterschiedlichsten Auffassungen kann man hier einsehen. Es werden auch viele lokale Nachrichten gepostet. Für sie muss nichts bezahlt werden. Der Nutzer kann sie durch Klicks bewerten, einen eigenen Kommentar abgeben und auch selbst seine Meinung ins Netz stellen.
Argumente für Zeitungen, Fernsehen, Radio: Hier werden Informationen von professionellen Journalisten eingestellt. Das Grundgesetz schreibt für diese vor, die Bevölkerung umfassend mit Informationen und Erklärungen zur Politik zu versorgen. Die eingestellten Nachrichten müssen vorher auf ihren Wahrheitsgehalt geprüft worden sein, so ist ihnen „zu trauen". Sie dürfen auch nicht sinnverzerrt oder verfälscht von den Journalisten dargestellt werden.

Aufgabe 5: Durch möglichst viele Klicks Lob, Anerkennung und Bekanntheit zu bekommen, auch im Freundeskreis. Ereignisse, die für einen selbst wichtig sind, mit anderen teilen und deren Kommentar dazu sehen, so kann man sich z. B. zusammen über etwas freuen. Durch die Kommentare der anderen hat man aber auch die Möglichkeit, die geposteten Ereignisse nochmal unter einem anderen Blickwinkel zu sehen und neu zu bewerten.

Aufgabe 6: Wie kann ich wahre von falschen Nachrichten unterscheiden und woran erkenne ich diese? Welche Nachrichten sind für mich wichtig und erweitern mein Wissen, welche eher unwichtig und dienen nur der Unterhaltung? Welche Nachrichten sind journalistisch gut aufbereitet, welche nicht? Sollte ich meinen Medienkonsum begrenzen und warum. Wo hilft mir Mediennutzung für den Unterricht und bei Hausaufgaben, wie kann ich dabei unterscheiden, welche Aussagen hilfreich und sinnvoll sind, welche nicht?

Aufgabe 7: Studien zur Qualität der Medien zeigen, dass Nachrichtensendungen der öffentlichen Rundfunksender besser abschneiden als der Privatrundfunk, denn sie vermitteln eine breitere Themenvielfalt mit mehr Politikthemen. In den Kommunikationswissenschaften wird auch zunehmend die Qualität der Medien diskutiert, z. B. wie gut recherchiert Nachrichten sind. Anhänger der sog. Neuen Medien kritisieren, dass die klassischen Medien ihre Nutzer bevormunden und die Meinungsfreiheit beschränken würden. Nur das Internet könne durch seine Foren und Blogs sicherstellen, dass die Öffentlichkeit transparent informiert würde und alle in gleichem Maße Informationen erhielten, indem die Bürger/innen selbst Informationen einstellen. Einwände gegen diese These sind, dass im Internet die etablierten politischen Akteure, z. B. Twitter, und Wirtschaftsorganisationen dominieren würden. Empirische Forschungen zeigen auch, dass nur 12 % selbst in Internetforen bloggen. Die Beiträge dort lösen auch häufig „Shitstorms" aus, ein konstruktiver Dialog mit gegenseitiger Kenntnisnahme der Argumente fehlt vielfach. Die klassischen Medien versuchen neuerdings ihre Nutzer auch stärker selbst zu beteiligen und zu aktivieren, indem diese ihnen Fotos, Filme und Textbeiträge zumailen können, die dann in die Nachrichten der Medien integriert werden. Professionelle Journalisten nutzen für ihre Artikel auch verstärkt die laufenden Diskussionen im Netz.